Meditate On God's Word

This

Proverbs
Word Search Book

Belongs to:

"Trust in the Lord with all
your heart
and lean not on your own
understanding;"
— Proverbs 3:5 (NIV)

All Bible verses are quoted from:
New International Version (NIV)

Instructions:

- *Find and mark all the words hidden inside the grid*
- *The words can be hidden horizontally, diagonally, downwards or up-to-the right*
- *Some words may overlap but never zigzag or wrap around*

Word Direction:

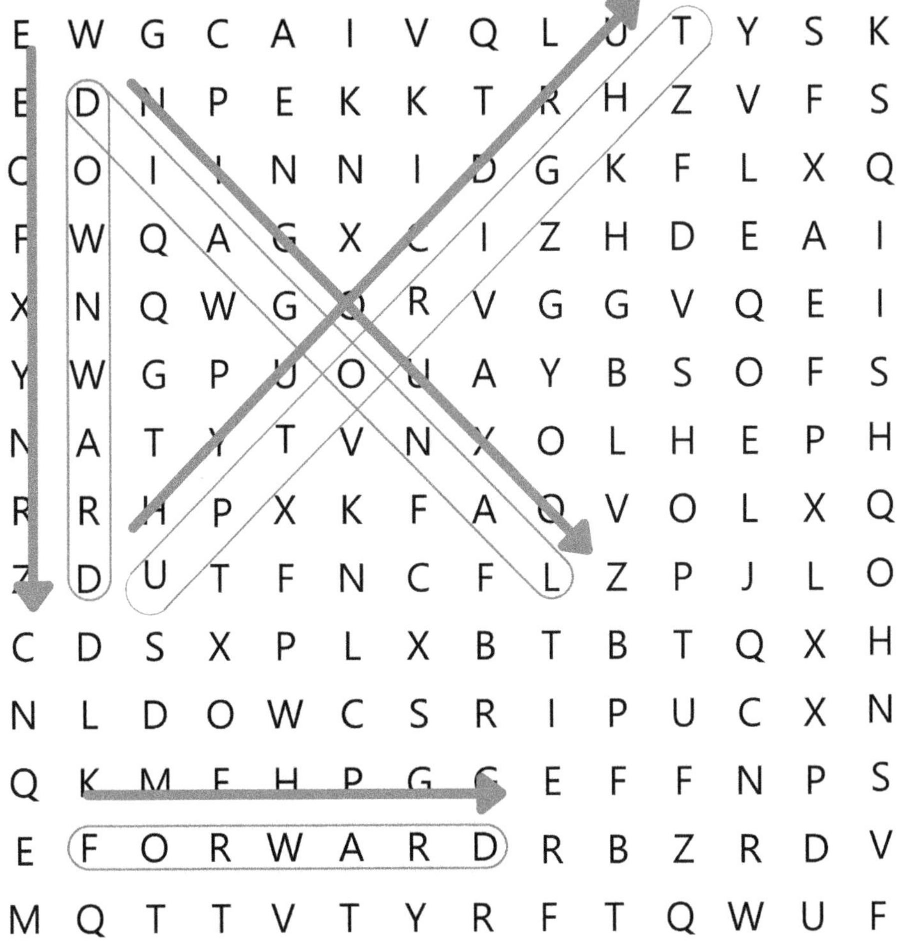

Puzzle Solutions: Page 64 onwards

Notes

Proverbs 1:1-7 (NIV)

The proverbs of Solomon son of David, king of Israel:
for gaining wisdom and instruction;
for understanding words of insight;
for receiving instruction in prudent behavior,
doing what is right and just and fair;
for giving prudence to those who are simple,
knowledge and discretion to the young—
let the wise listen and add to their learning,
and let the discerning get guidance—
for understanding proverbs and parables,
the sayings and riddles of the wise.
The fear of the Lord is the beginning of knowledge,
but fools despise wisdom and instruction.

L	T	O	Y	K	R	L	S	P	C	O	E	K	Q	R	U
Z	M	G	N	W	N	G	X	D	Q	H	A	I	M	R	C
B	C	H	D	R	I	O	C	Z	J	F	I	Z	A	O	M
G	N	H	R	X	G	S	W	N	O	I	H	K	F	H	C
G	X	I	Z	R	I	D	D	L	E	S	A	M	B	M	X
G	Z	P	V	I	Q	N	G	O	E	Y	N	G	J	R	S
K	U	T	R	G	F	P	S	L	M	D	K	P	P	B	O
M	U	Z	T	H	A	M	B	I	V	W	G	B	R	C	L
I	A	A	Z	T	I	A	B	L	G	U	P	E	U	A	O
R	I	L	X	H	R	J	T	D	V	H	V	G	D	P	M
S	L	D	R	A	K	Q	X	O	R	O	T	I	E	X	O
M	N	T	P	Y	N	Y	Y	N	R	H	I	N	N	G	N
P	F	T	Z	H	Z	S	E	P	K	G	Q	N	T	Q	F
E	Q	E	I	Q	J	E	X	C	R	N	E	I	O	M	J
J	L	G	V	N	J	D	I	S	C	E	R	N	I	N	G
C	G	K	R	D	Q	E	J	H	R	W	W	G	O	U	W

Puzzle 1

BEGINNING
DISCERNING
FAIR
INSIGHT
KNOWLEDGE
PARABLES
PROVERBS
PRUDENT
RIDDLES
RIGHT
SOLOMON
WISDOM

Notes

Proverbs 2:1-8 (NIV)

...if you accept my words
and store up my commands within you,
turning your ear to wisdom
and applying your heart to understanding—
indeed, if you call out for insight
and cry aloud for understanding,
and if you look for it as for silver
and search for it as for hidden treasure,
then you will understand the fear of the Lord
and find the knowledge of God.
For the Lord gives wisdom;
from his mouth come knowledge and understanding.
He holds success in store for the upright,
he is a shield to those whose walk is blameless,
for he guards the course of the just
and protects the way of his faithful ones.

U	V	M	C	I	B	C	O	G	P	N	X	X	B	Q	M
R	X	M	L	X	C	P	F	M	A	O	S	G	E	I	I
J	D	R	W	G	C	O	M	M	A	N	D	S	O	B	C
W	R	O	U	D	I	J	A	D	E	H	P	M	C	H	Q
V	H	S	F	P	G	Q	I	D	M	J	R	H	B	B	H
F	N	T	J	U	R	G	D	C	V	K	O	P	F	L	N
M	W	C	Z	L	L	I	T	C	A	R	T	O	W	A	Y
Q	Z	Y	T	F	H	P	G	G	N	K	E	N	V	M	D
V	H	T	N	G	A	E	N	H	Z	M	C	G	W	E	F
C	F	T	J	O	I	I	A	H	T	B	T	Y	O	L	N
Z	H	N	Z	W	Y	L	T	R	E	A	S	U	R	E	D
H	E	B	U	L	C	U	V	H	T	Z	Q	T	D	S	G
R	R	X	P	N	O	C	O	L	F	I	U	T	S	S	X
P	J	P	K	M	N	P	W	O	O	U	P	W	K	I	K
Z	A	V	K	L	D	G	F	D	S	I	L	V	E	R	Q
I	R	K	A	A	X	S	C	R	C	R	G	R	U	R	H

Puzzle 2

APPLYING
BLAMELESS
COMMANDS
FAITHFUL
HEART
HIDDEN
MOUTH
PROTECTS
SILVER
TREASURE
UPRIGHT
WORDS

Notes

Proverbs 3:13-20 (NIV)

Blessed are those who find wisdom,
those who gain understanding,
for she is more profitable than silver
and yields better returns than gold.
She is more precious than rubies;
nothing you desire can compare with her.
Long life is in her right hand;
in her left hand are riches and honor.
Her ways are pleasant ways,
and all her paths are peace.
She is a tree of life to those who take hold of her;
those who hold her fast will be blessed.
By wisdom the Lord laid the earth's foundations,
by understanding he set the heavens in place;
by his knowledge the watery depths were divided,
and the clouds let drop the dew.

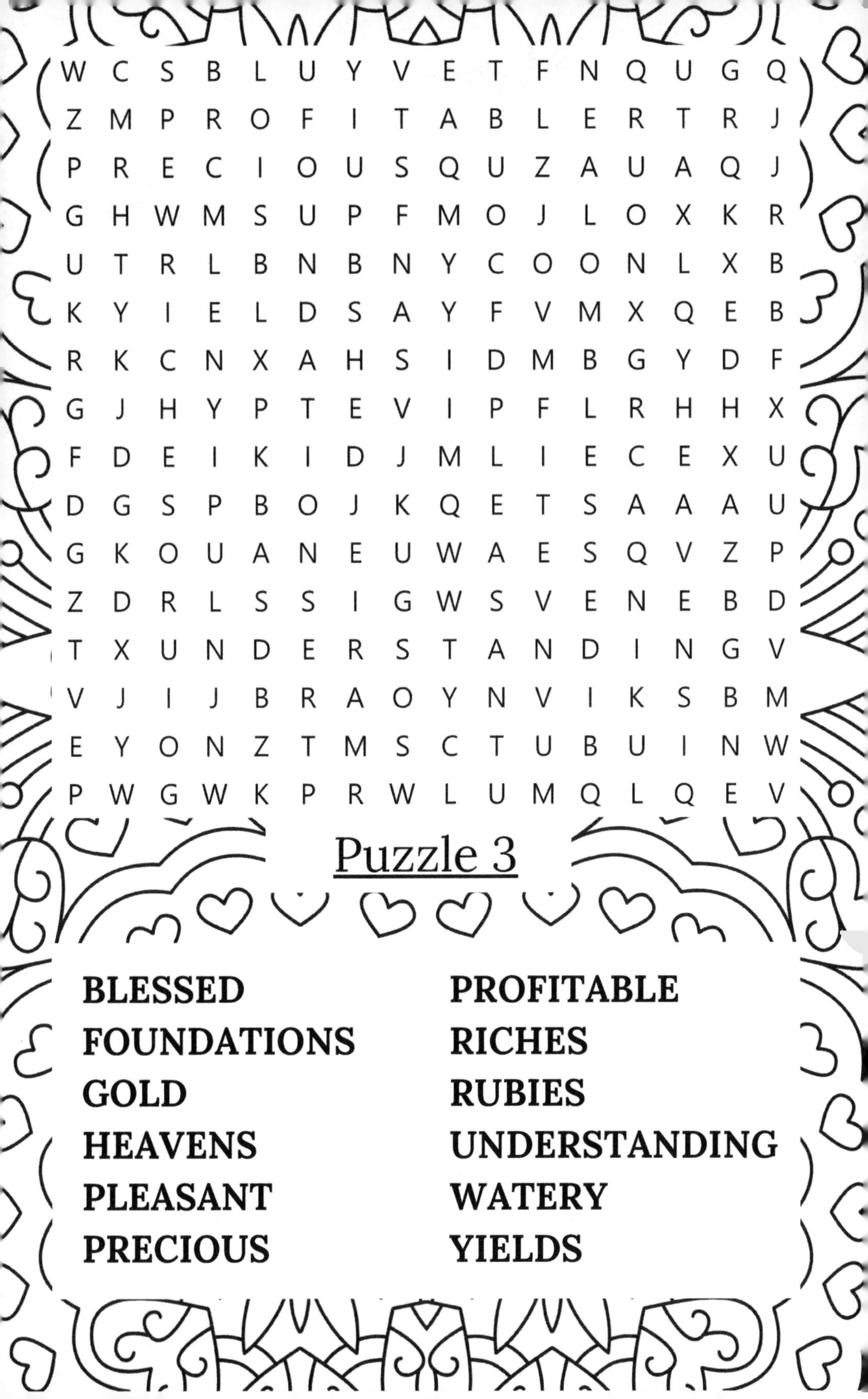

W C S B L U Y V E T F N Q U G Q
Z M P R O F I T A B L E R T R J
P R E C I O U S Q U Z A U A Q J
G H W M S U P F M O J L O X K R
U T R L B N B N Y C O O N L X B
K Y I E L D S A Y F V M X Q E B
R K C N X A H S I D M B G Y D F
G J H Y P T E V I P F L R H H X
F D E I K I D J M L I E C E X U
D G S P B O J K Q E T S A A A U
G K O U A N E U W A E S Q V Z P
Z D R L S S I G W S V E N E B D
T X U N D E R S T A N D I N G V
V J I J B R A O Y N V I K S B M
E Y O N Z T M S C T U B U I N W
P W G W K P R W L U M Q L Q E V

Puzzle 3

BLESSED
FOUNDATIONS
GOLD
HEAVENS
PLEASANT
PRECIOUS
PROFITABLE
RICHES
RUBIES
UNDERSTANDING
WATERY
YIELDS

Notes

Proverbs 4:4-9 (NIV)

Then he taught me, and he said to me,
"Take hold of my words with all your heart;
keep my commands, and you will live.
Get wisdom, get understanding;
do not forget my words or turn away from them.
Do not forsake wisdom, and she will protect you;
love her, and she will watch over you.
The beginning of wisdom is this: Get wisdom.
Though it cost all you have, get understanding.
Cherish her, and she will exalt you;
embrace her, and she will honor you.
She will give you a garland to grace your head
and present you with a glorious crown."

X D I V U K J R L D P W Q J T J
J R C N S F H N Q I N B A P R G
L X I T V F W F I U V B V T Z Z
N C O F C O T T O Z H E T I Y O
P N V C R R H U U V V R K S R N
W O O C H G A O F O R S A K E P
G U W G U E X A L T T F U O Y V
X V A A L T R D H E D A V G P V
Z H T R B O X I H P V K B I O F
N K C L S N R O S F J V Y W Y X
A N H A D O N I M H B H Y F P I
F W L N Q Z P R O T E C T D X M
I P Q D W L Q M P U X U W C I E
X U L H W O H H G H S V K I R T
T V V Z L O K X G C X A L K D J
M Z A Z R E S H I F A I J B B I

Puzzle 4

CHERISH
CROWN
EXALT
FORGET
FORSAKE
GARLAND
GLORIOUS
LIVE
LOVE
PROTECT
TAUGHT
WATCH

Notes

Proverbs 4:11-15, 18, 23, 26 (NIV)

I instruct you in the way of wisdom
and lead you along straight paths.
When you walk, your steps will not be hampered;
when you run, you will not stumble.
Hold on to instruction, do not let it go;
guard it well, for it is your life.
Do not set foot on the path of the wicked
or walk in the way of evildoers.
Avoid it, do not travel on it;
turn from it and go on your way.
The path of the righteous is like the morning sun,
shining ever brighter till the full light of day.
Above all else, guard your heart,
for everything you do flows from it.
Give careful thought to the paths for your feet
and be steadfast in all your ways.

R	C	I	B	E	R	I	N	S	T	R	U	C	T	W	A
O	V	R	W	S	T	N	Y	Z	E	Z	K	S	G	I	K
N	B	P	A	T	H	S	N	Y	N	G	B	T	Y	Y	X
X	I	S	Y	U	M	T	B	H	J	D	Q	E	E	K	S
T	W	J	A	M	A	R	A	L	O	S	C	A	W	D	B
V	C	R	L	B	V	U	B	P	X	U	O	D	B	Z	M
C	S	A	D	L	S	C	G	D	J	U	C	F	E	F	A
Y	N	J	E	E	R	T	F	V	U	L	G	A	F	S	H
S	S	U	C	E	V	I	L	D	O	E	R	S	U	U	A
Y	H	T	I	W	A	O	G	O	X	T	N	T	P	K	M
Q	M	O	R	N	I	N	G	H	Z	S	B	A	N	F	P
V	D	C	O	A	P	C	J	U	T	F	E	B	W	M	E
I	K	X	D	J	I	O	K	V	A	E	U	V	F	M	R
A	T	V	P	V	F	G	U	E	T	R	O	E	E	F	E
M	Z	Z	R	G	J	Y	H	C	D	V	D	U	M	A	D
G	F	E	N	M	Q	D	G	T	G	R	A	J	S	C	I

Puzzle 5

EVILDOERS
GUARD
HAMPERED
INSTRUCT
INSTRUCTION
MORNING
PATHS
RIGHTEOUS
STEADFAST
STRAIGHT
STUMBLE
WICKED

Notes

Proverbs 5:15-18, 21 (NIV)

Drink water from your own cistern,
running water from your own well.
Should your springs overflow in the streets,
your streams of water in the public squares?
Let them be yours alone,
never to be shared with strangers.
May your fountain be blessed,
and may you rejoice in the wife of your youth.

For your ways are in full view of the Lord,
and he examines all your paths.

X	C	S	L	X	Z	N	O	V	E	R	F	L	O	W	U
E	T	Y	J	K	S	X	G	W	C	K	M	K	N	S	V
J	X	H	R	H	T	Y	I	E	E	J	Y	Y	C	S	Q
P	S	S	K	Q	K	D	N	T	S	I	H	C	G	K	B
K	T	K	X	C	A	S	G	W	M	L	V	P	E	G	J
Z	R	H	F	C	U	N	J	U	W	S	C	B	L	F	J
N	A	Y	O	Y	I	L	V	W	C	U	S	D	Z	N	B
A	N	R	U	N	X	S	S	A	S	P	Q	F	Z	V	V
Y	G	H	N	K	T	B	T	T	S	N	U	S	M	N	I
H	E	U	T	I	M	W	D	E	R	T	A	B	R	F	X
O	R	Z	A	Z	M	K	D	R	R	E	R	K	L	L	G
T	S	S	I	W	E	M	D	G	I	N	E	E	Q	I	H
B	C	F	N	X	Y	D	Q	H	U	N	S	T	A	R	C
F	P	E	A	S	V	R	Z	V	I	O	K	E	S	M	A
I	U	T	A	P	J	W	E	C	S	P	R	I	N	G	S
W	O	P	C	R	R	A	V	W	D	J	S	G	Q	P	R

Puzzle 6

CISTERN
DRINK
FOUNTAIN
OVERFLOW
PUBLIC
RUNNING
SPRINGS
SQUARES
STRANGERS
STREAMS
STREETS
WATER

Notes

Proverbs 6:5-8, 20-23 (NIV)

Free yourself, like a gazelle from the hand of the hunter,
like a bird from the snare of the fowler.
Go to the ant, you sluggard;
consider its ways and be wise!
It has no commander,
no overseer or ruler,
yet it stores its provisions in summer
and gathers its food at harvest.
My son, keep your father's command
and do not forsake your mother's teaching.
Bind them always on your heart;
fasten them around your neck.
When you walk, they will guide you;
when you sleep, they will watch over you;
when you awake, they will speak to you.
For this command is a lamp,
this teaching is a light,
and correction and instruction
are the way to life,

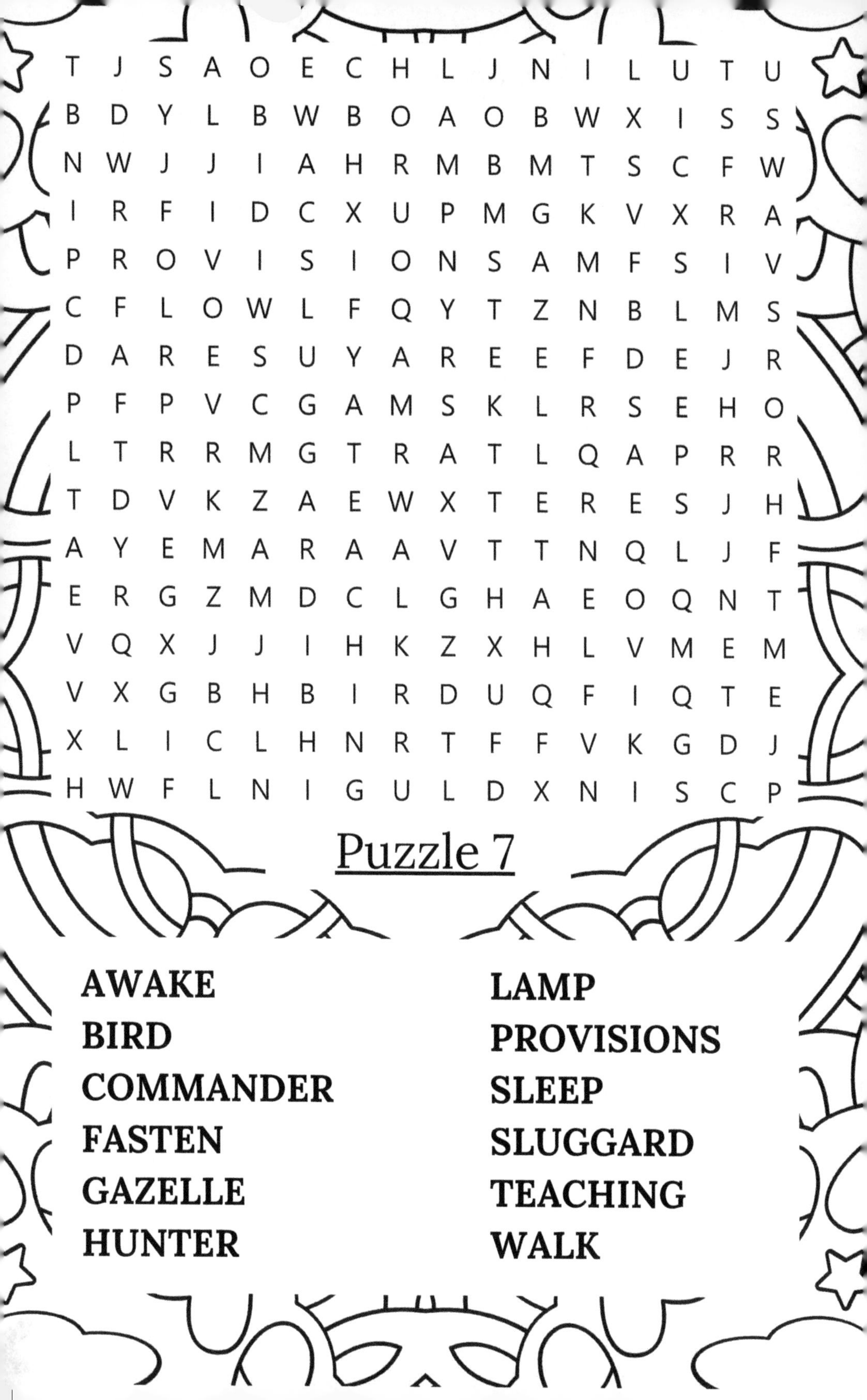

T J S A O E C H L J N I L U T U
B D Y L B W B O A O B W X I S S
N W J J I A H R M B M T S C F W
I R F I D C X U P M G K V X R A
P R O V I S I O N S A M F S I V
C F L O W L F Q Y T Z N B L M S
D A R E S U Y A R E E F D E J R
P F P V C G A M S K L R S E H O
L T R R M G T R A T L Q A P R R
T D V K Z A E W X T E R E S J H
A Y E M A R A A V T T N Q L J F
E R G Z M D C L G H A E O Q N T
V Q X J J I H K Z X H L V M E M
V X G B H B I R D U Q F I Q T E
X L I C L H N R T F F V K G D J
H W F L N I G U L D X N I S C P

Puzzle 7

AWAKE
BIRD
COMMANDER
FASTEN
GAZELLE
HUNTER
LAMP
PROVISIONS
SLEEP
SLUGGARD
TEACHING
WALK

Notes

Proverbs 8:6-12 (NIV)

Listen, for I have trustworthy things to say;
I open my lips to speak what is right.
My mouth speaks what is true,
for my lips detest wickedness.
All the words of my mouth are just;
none of them is crooked or perverse.
To the discerning all of them are right;
they are upright to those who have found knowledge.
Choose my instruction instead of silver,
knowledge rather than choice gold,
for wisdom is more precious than rubies,
and nothing you desire can compare with her.
"I, wisdom, dwell together with prudence;
I possess knowledge and discretion.

A	H	N	J	J	W	D	C	E	X	I	P	O	N	O	D
D	L	G	S	C	H	I	N	R	U	C	D	V	J	Q	B
G	R	F	L	N	O	P	C	H	O	I	C	E	P	V	G
P	Q	Y	R	F	Z	S	Y	K	S	O	C	O	G	W	K
R	Z	Z	K	D	G	I	P	E	E	N	K	J	O	Z	N
D	Q	R	J	C	A	L	T	E	E	D	Z	E	N	O	Q
Z	C	M	I	W	O	V	R	D	A	D	N	E	D	C	U
J	U	E	V	Z	F	E	U	M	D	K	L	E	I	J	K
L	P	E	R	V	E	R	S	E	S	Q	C	V	S	A	N
P	R	V	S	J	P	S	T	P	T	I	U	R	C	S	X
M	I	B	G	U	E	R	W	B	E	L	E	D	R	Z	U
S	G	E	Q	S	W	O	O	D	D	F	H	L	E	J	N
W	H	A	S	T	N	J	R	K	F	Q	V	B	T	H	I
Z	T	O	B	E	S	I	T	G	G	L	Z	V	I	F	V
L	P	E	V	B	P	F	H	O	K	L	D	O	O	K	Q
N	V	A	Z	M	D	T	Y	K	W	R	V	J	N	L	U

Puzzle 8

CHOICE	**PRUDENCE**
CROOKED	**SILVER**
DISCRETION	**SPEAK**
JUST	**TRUSTWORTHY**
PERVERSE	**UPRIGHT**
POSSESS	**WICKEDNESS**

Notes

Proverbs 8:22-29 (NIV)

"The Lord brought me forth as the first of his works,
before his deeds of old;
I was formed long ages ago,
at the very beginning, when the world came to be.
When there were no watery depths, I was given birth,
when there were no springs overflowing with water;
before the mountains were settled in place,
before the hills, I was given birth,
before he made the world or its fields
or any of the dust of the earth.
I was there when he set the heavens in place,
when he marked out the horizon on the face of the deep,
when he established the clouds above
and fixed securely the fountains of the deep,
when he gave the sea its boundary
so the waters would not overstep his command,
and when he marked out the foundations of the earth.

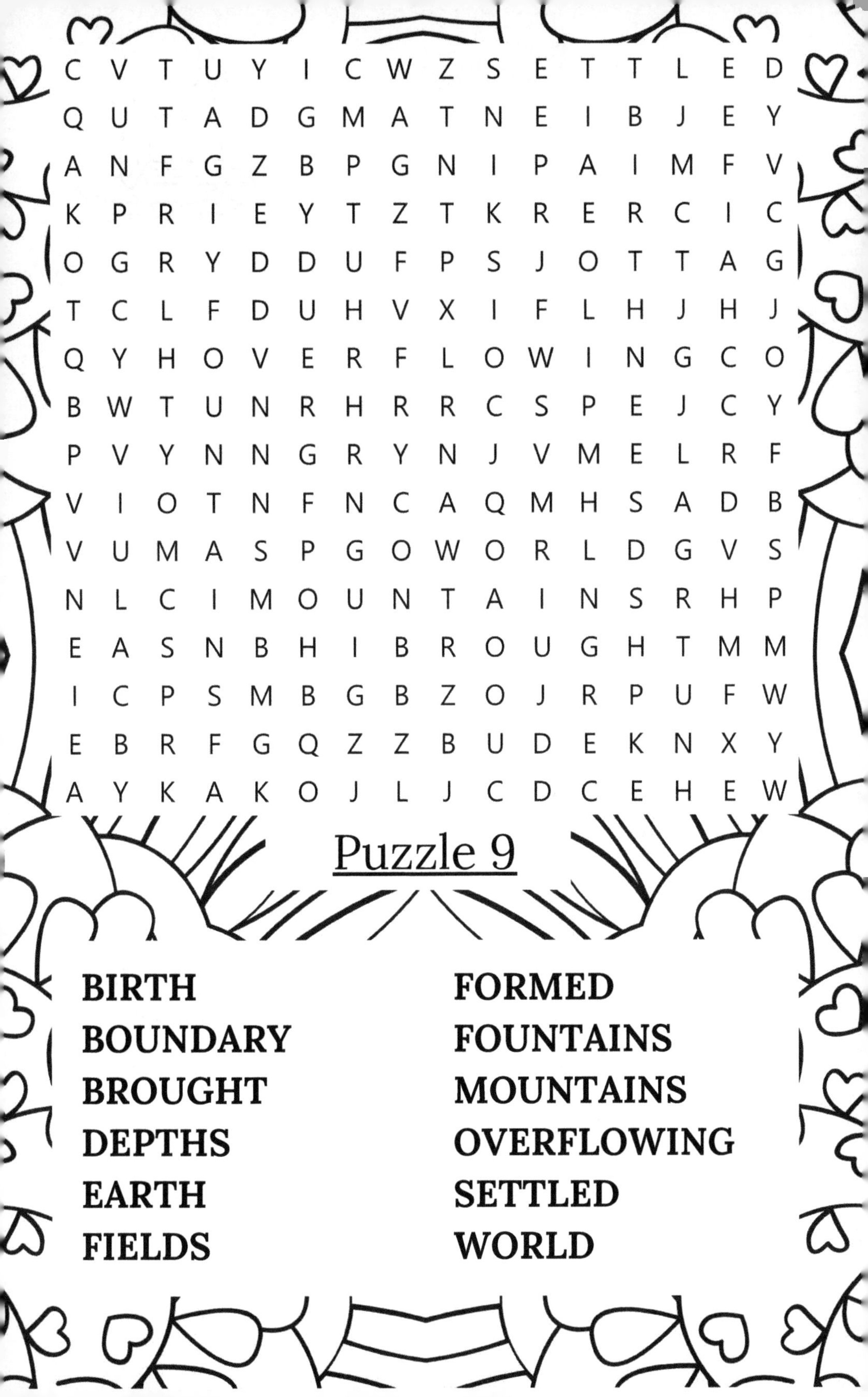

C	V	T	U	Y	I	C	W	Z	S	E	T	T	L	E	D
Q	U	T	A	D	G	M	A	T	N	E	I	B	J	E	Y
A	N	F	G	Z	B	P	G	N	I	P	A	I	M	F	V
K	P	R	I	E	Y	T	Z	T	K	R	E	R	C	I	C
O	G	R	Y	D	D	U	F	P	S	J	O	T	T	A	G
T	C	L	F	D	U	H	V	X	I	F	L	H	J	H	J
Q	Y	H	O	V	E	R	F	L	O	W	I	N	G	C	O
B	W	T	U	N	R	H	R	R	C	S	P	E	J	C	Y
P	V	Y	N	N	G	R	Y	N	J	V	M	E	L	R	F
V	I	O	T	N	F	N	C	A	Q	M	H	S	A	D	B
V	U	M	A	S	P	G	O	W	O	R	L	D	G	V	S
N	L	C	I	M	O	U	N	T	A	I	N	S	R	H	P
E	A	S	N	B	H	I	B	R	O	U	G	H	T	M	M
I	C	P	S	M	B	G	B	Z	O	J	R	P	U	F	W
E	B	R	F	G	Q	Z	Z	B	U	D	E	K	N	X	Y
A	Y	K	A	K	O	J	L	J	C	D	C	E	H	E	W

Puzzle 9

BIRTH
BOUNDARY
BROUGHT
DEPTHS
EARTH
FIELDS
FORMED
FOUNTAINS
MOUNTAINS
OVERFLOWING
SETTLED
WORLD

Notes

Proverbs 9:7-12 (NIV)

Whoever corrects a mocker invites insults;
whoever rebukes the wicked incurs abuse.
Do not rebuke mockers or they will hate you;
rebuke the wise and they will love you.
Instruct the wise and they will be wiser still;
teach the righteous and they will add to their learning.
The fear of the Lord is the beginning of wisdom,
and knowledge of the Holy One is understanding.
For through wisdom your days will be many,
and years will be added to your life.
If you are wise, your wisdom will reward you;
if you are a mocker, you alone will suffer.

H	I	F	D	E	X	B	T	H	R	O	U	G	H	E	G
I	B	O	I	O	M	O	C	K	E	R	T	Y	X	D	K
I	X	O	I	O	E	L	H	A	B	U	S	E	S	X	I
T	Y	D	T	H	P	F	C	D	U	S	U	X	Y	R	I
X	A	A	C	R	T	I	A	D	K	W	F	F	E	T	N
M	S	A	Q	Z	S	Q	I	E	E	H	F	V	X	P	D
K	P	H	E	S	V	L	N	D	S	K	E	P	Q	I	O
C	U	N	K	R	L	X	M	T	A	O	R	N	F	Q	H
O	O	O	D	E	E	Z	C	G	H	Y	P	A	A	L	W
R	C	M	D	W	A	E	H	W	B	U	S	F	D	W	B
S	C	T	W	A	R	Y	C	Y	K	K	B	Y	T	H	T
P	D	E	S	R	N	L	G	U	P	Q	X	R	K	S	B
G	Q	A	O	D	I	L	T	Z	M	L	M	W	M	G	A
E	Q	C	Q	P	N	J	Y	Y	U	T	O	D	I	I	Z
I	G	H	L	V	G	K	M	G	A	S	T	Z	I	Y	G
W	G	S	R	L	L	C	D	Y	B	N	S	M	X	I	R

Puzzle 10

ABUSE
ADDED
CORRECTS
DAYS
LEARNING
MOCKER
REBUKES
REWARD
SUFFER
TEACH
THROUGH
WHOEVER

Notes

Proverbs 10:4-11 (NIV)

Lazy hands make for poverty,
but diligent hands bring wealth.
He who gathers crops in summer is a prudent son,
but he who sleeps during harvest is a disgraceful son.
Blessings crown the head of the righteous,
but violence overwhelms the mouth of the wicked. a
The name of the righteous is used in blessings, b
but the name of the wicked will rot.
The wise in heart accept commands,
but a chattering fool comes to ruin.
Whoever walks in integrity walks securely,
but whoever takes crooked paths will be found out.
Whoever winks maliciously causes grief,
and a chattering fool comes to ruin.
The mouth of the righteous is a fountain of life,
but the mouth of the wicked conceals violence.

Y	Z	H	K	B	Q	J	S	A	D	U	U	N	D	H	C
D	D	N	E	P	M	E	S	W	D	C	P	Y	K	S	N
E	I	M	V	D	I	J	U	D	P	H	Z	Q	R	H	D
W	S	L	U	P	B	W	M	A	M	A	K	E	T	F	P
T	G	O	I	S	U	L	M	Z	L	T	H	M	Y	B	V
C	R	H	W	G	R	W	E	A	L	T	H	T	Z	N	L
W	A	X	A	X	E	I	R	S	A	E	I	V	K	Q	Y
N	C	Z	Y	N	Q	N	K	G	S	R	Z	Q	E	K	S
V	E	E	X	L	D	K	T	Y	G	I	D	I	I	X	C
T	F	O	L	M	X	S	G	E	E	N	N	Z	C	O	O
J	U	P	O	V	E	R	T	Y	P	G	R	G	G	O	T
E	L	P	M	K	R	N	R	D	W	U	P	A	S	Y	U
P	N	M	O	E	I	Z	O	M	S	D	V	R	B	V	E
L	P	G	E	J	J	D	T	K	R	C	W	H	Q	D	Q
D	A	I	Z	B	X	A	M	H	A	H	L	L	R	T	Q
W	Z	K	E	J	V	P	K	L	U	B	X	C	C	H	W

Puzzle 11

BLESSINGS
CHATTERING
DILIGENT
DISGRACEFUL
GATHERS
HANDS
INTEGRITY
LAZY
POVERTY
SUMMER
WEALTH
WINKS

Notes

Proverbs 10:13-18 (NIV)

Wisdom is found on the lips of the discerning,
but a rod is for the back of one who has no sense.
The wise store up knowledge,
but the mouth of a fool invites ruin.
The wealth of the rich is their fortified city,
but poverty is the ruin of the poor.
The wages of the righteous is life,
but the earnings of the wicked are sin and death.
Whoever heeds discipline shows the way to life,
but whoever ignores correction leads others astray.
Whoever conceals hatred with lying lips
and spreads slander is a fool.

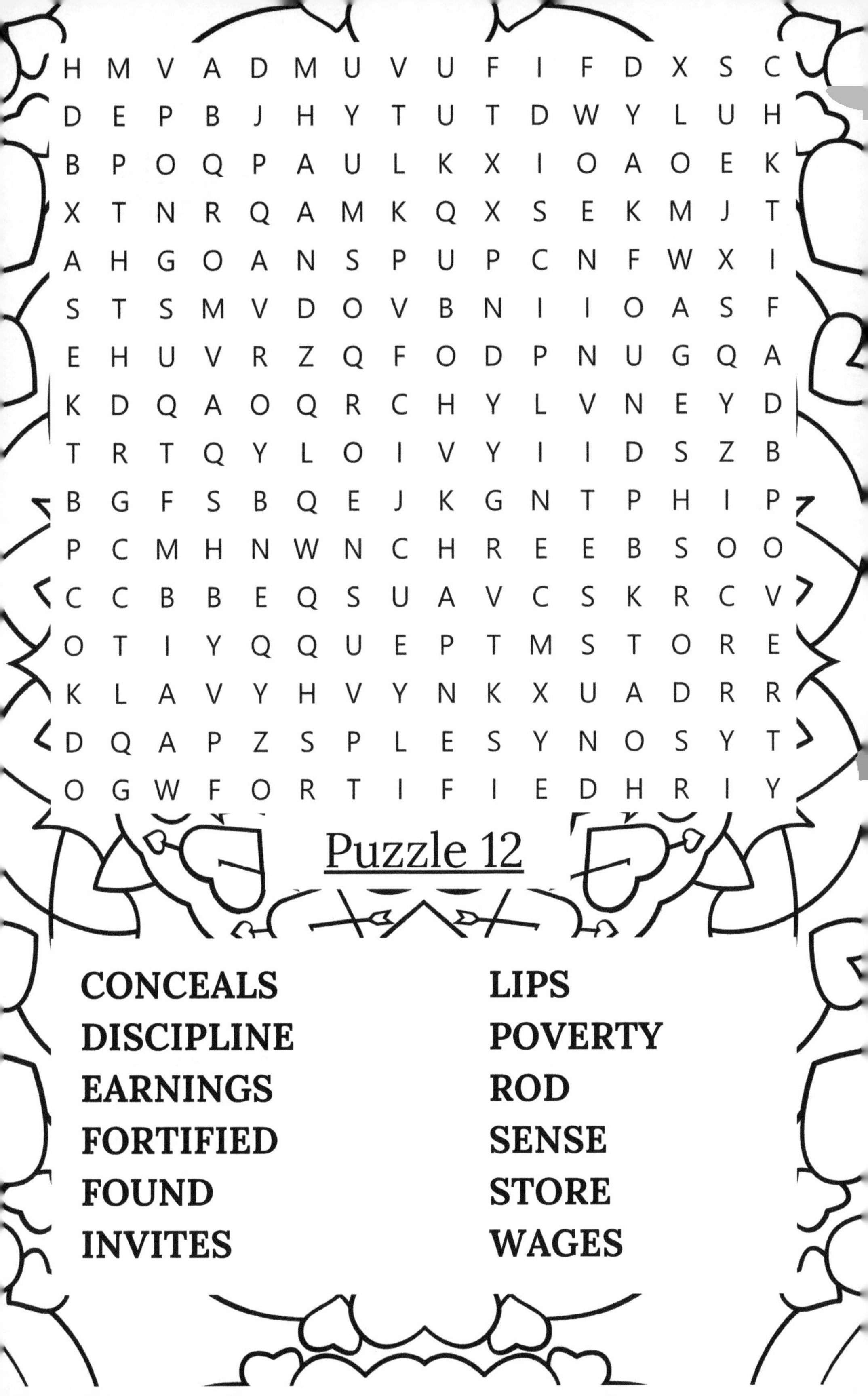

H	M	V	A	D	M	U	V	U	F	I	F	D	X	S	C
D	E	P	B	J	H	Y	T	U	T	D	W	Y	L	U	H
B	P	O	Q	P	A	U	L	K	X	I	O	A	O	E	K
X	T	N	R	Q	A	M	K	Q	X	S	E	K	M	J	T
A	H	G	O	A	N	S	P	U	P	C	N	F	W	X	I
S	T	S	M	V	D	O	V	B	N	I	I	O	A	S	F
E	H	U	V	R	Z	Q	F	O	D	P	N	U	G	Q	A
K	D	Q	A	O	Q	R	C	H	Y	L	V	N	E	Y	D
T	R	T	Q	Y	L	O	I	V	Y	I	I	D	S	Z	B
B	G	F	S	B	Q	E	J	K	G	N	T	P	H	I	P
P	C	M	H	N	W	N	C	H	R	E	E	B	S	O	O
C	C	B	B	E	Q	S	U	A	V	C	S	K	R	C	V
O	T	I	Y	Q	Q	U	E	P	T	M	S	T	O	R	E
K	L	A	V	Y	H	V	Y	N	K	X	U	A	D	R	R
D	Q	A	P	Z	S	P	L	E	S	Y	N	O	S	Y	T
O	G	W	F	O	R	T	I	F	I	E	D	H	R	I	Y

Puzzle 12

CONCEALS
DISCIPLINE
EARNINGS
FORTIFIED
FOUND
INVITES
LIPS
POVERTY
ROD
SENSE
STORE
WAGES

Notes

Proverbs 11:16-21 (NIV)

A kindhearted woman gains honor,
but ruthless men gain only wealth.
Those who are kind benefit themselves,
but the cruel bring ruin on themselves.
A wicked person earns deceptive wages,
but the one who sows righteousness reaps a sure reward.
Truly the righteous attain life,
but whoever pursues evil finds death.
The Lord detests those whose hearts are perverse,
but he delights in those whose ways are blameless.
Be sure of this: The wicked will not go unpunished,
but those who are righteous will go free.

V Q G D T D E L I G H T S A Z X
B O K L F Z F T D A H T O Z P U
N Q U S G C I C I I F O M M C L
Z F D A B F Z D G N F S R K S F
M Z E B E W Z Q R S N A K C P J
A U C N W U T J E I W S I Y T X
U D E C T N A V A M E O N I Y C
I B P N X P L T P U I E D R N V
B I T W J E T C S V Z G H C J N
W V I O S A S R U T H L E S S R
V L V M I X U U H J Z E A M T R
G S E A H P Z E E K F E R K X V
L H T N H U G L X D A M T C K Q
T R M H L W H O R O O R E O H Z
D E D Q R I U Z Z O Q N D D C B
L H P W B P N X Y I W W G H W C

Puzzle 13

ATTAIN
BENEFIT
CRUEL
DECEPTIVE
DELIGHTS
GAINS
KINDHEARTED
PURSUES
REAPS
RUTHLESS
THEMSELVES
WOMAN

Notes

Proverbs 12:1-7, 11 (NIV)

Whoever loves discipline loves knowledge,
but whoever hates correction is stupid.
Good people obtain favor from the Lord,
but he condemns those who devise wicked schemes.
No one can be established through wickedness,
but the righteous cannot be uprooted.
A wife of noble character is her husband's crown,
but a disgraceful wife is like decay in his bones.
The plans of the righteous are just,
but the advice of the wicked is deceitful.
The words of the wicked lie in wait for blood,
but the speech of the upright rescues them.
The wicked are overthrown and are no more,
but the house of the righteous stands firm.
Those who work their land will have abundant food,
but those who chase fantasies have no sense.

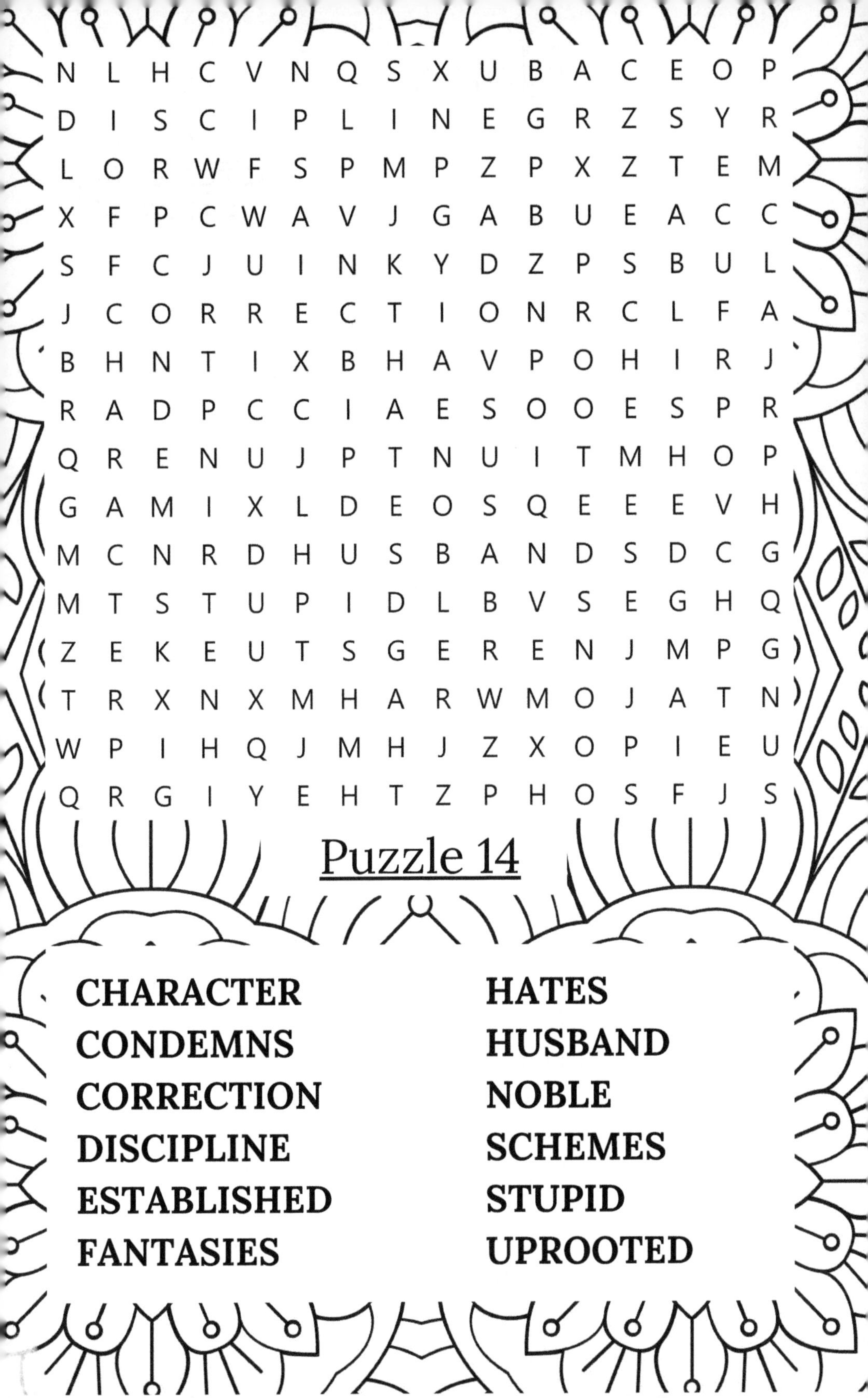

N L H C V N Q S X U B A C E O P
D I S C I P L I N E G R Z S Y R
L O R W F S P M P Z P X Z T E M
X F P C W A V J G A B U E A C C
S F C J U I N K Y D Z P S B U L
J C O R R E C T I O N R C L F A
B H N T I X B H A V P O H I R J
R A D P C C I A E S O O E S P R
Q R E N U J P T N U I T M H O P
G A M I X L D E O S Q E E E V H
M C N R D H U S B A N D S D C G
M T S T U P I D L B V S E G H Q
Z E K E U T S G E R E N J M P G
T R X N X M H A R W M O J A T N
W P I H Q J M H J Z X O P I E U
Q R G I Y E H T Z P H O S F J S

Puzzle 14

CHARACTER	**HATES**
CONDEMNS	**HUSBAND**
CORRECTION	**NOBLE**
DISCIPLINE	**SCHEMES**
ESTABLISHED	**STUPID**
FANTASIES	**UPROOTED**

Notes

Proverbs 12:17-26 (NIV)

An honest witness tells the truth,
but a false witness tells lies.
The words of the reckless pierce like swords,
but the tongue of the wise brings healing.
Truthful lips endure forever,
but a lying tongue lasts only a moment.
Deceit is in the hearts of those who plot evil,
but those who promote peace have joy.
No harm overtakes the righteous,
but the wicked have their fill of trouble.
The Lord detests lying lips,
but he delights in people who are trustworthy.
The prudent keep their knowledge to themselves,
but a fool's heart blurts out folly.
Diligent hands will rule,
but laziness ends in forced labor.
Anxiety weighs down the heart,
but a kind word cheers it up.
The righteous choose their friends carefully,
but the way of the wicked leads them astray.

V K V Y H W Y N X E L D T E C X
Z M U B O Q E Z D L K H Q T A Q
T N K U X O I V C F E V J R R A
Z Z O O A W N P D J F F W U E U
W M R W X N R P I J F J R T C R
S V J U V Y D L V S P E D H K D
K A P R S N Z Q O H Y W I F L J
Q E J R E W X H S A K K X U E R
K Q Y H H S J S O F I U N L S W
R E R C O G E B V Z P Q B T S I
U Q J Y A N H G C A R U E G D T
U W O Z I P E A F M O U D I E N
K V Z Z A E U S A R M P E A C E
Y P A L H X Q Z T T O N G U E S
P L I S C H D T R U T H H P I S
H W I D C R A N X I E T Y B T P

Puzzle 15

ANXIETY
DECEIT
HONEST
LAZINESS
PEACE
PROMOTE
RECKLESS
TONGUE
TROUBLE
TRUTH
TRUTHFUL
WITNESS

Notes

Proverbs 13:9-15 (NIV)

**The light of the righteous shines brightly,
but the lamp of the wicked is snuffed out.
Where there is strife, there is pride,
but wisdom is found in those who take advice.
Dishonest money dwindles away,
but whoever gathers money little by little makes it grow.
Hope deferred makes the heart sick,
but a longing fulfilled is a tree of life.
Whoever scorns instruction will pay for it,
but whoever respects a command is rewarded.
The teaching of the wise is a fountain of life,
turning a person from the snares of death.
Good judgment wins favor,
but the way of the unfaithful leads to their destruction.**

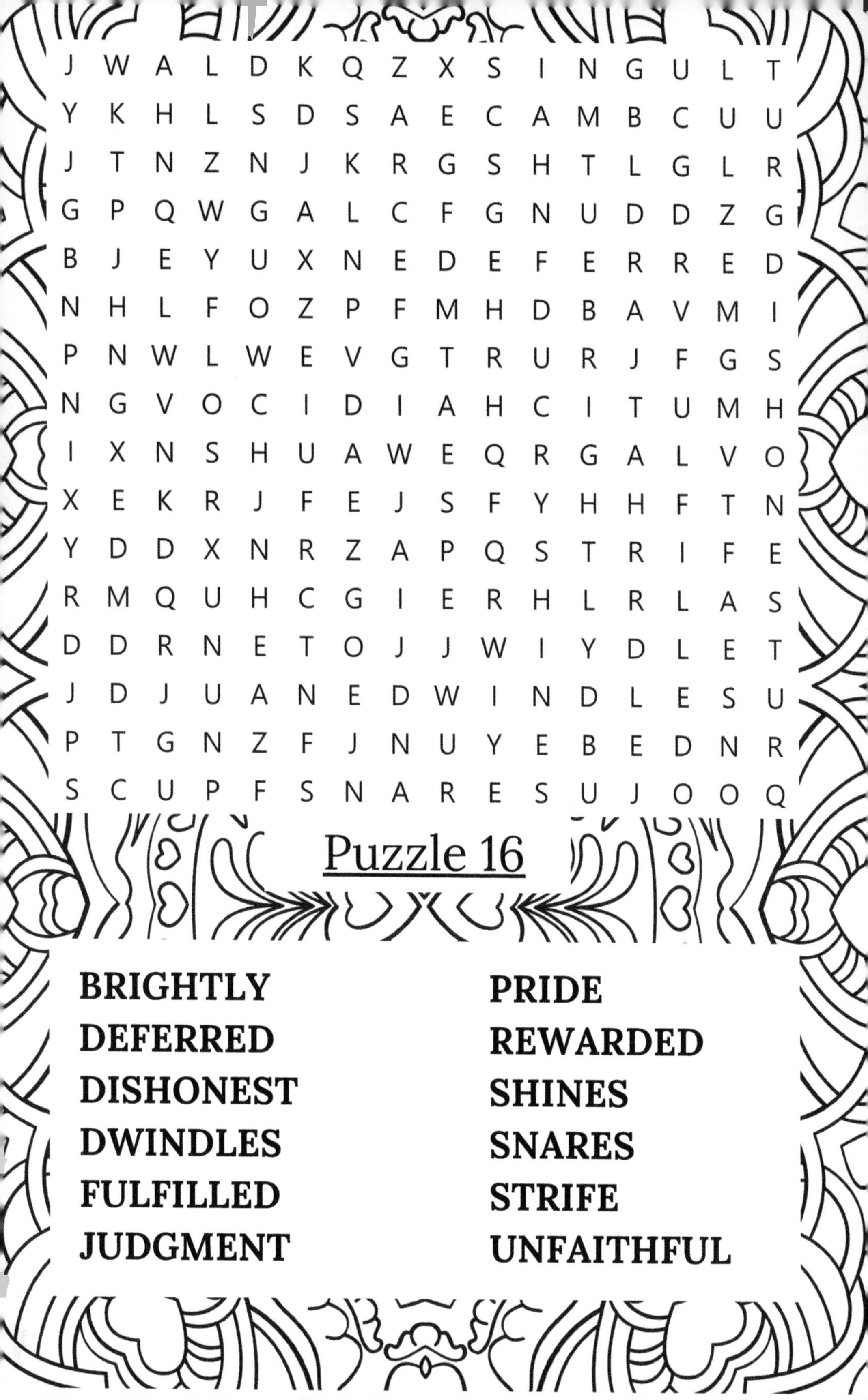

J W A L D K Q Z X S I N G U L T
Y K H L S D S A E C A M B C U U
J T N Z N J K R G S H T L G L R
G P Q W G A L C F G N U D D Z G
B J E Y U X N E D E F E R R E D
N H L F O Z P F M H D B A V M I
P N W L W E V G T R U R J F G S
N G V O C I D I A H C I T U M H
I X N S H U A W E Q R G A L V O
X E K R J F E J S F Y H H F T N
Y D D X N R Z A P Q S T R I F E
R M Q U H C G I E R H L R L A S
D D R N E T O J J W I Y D L E T
J D J U A N E D W I N D L E S U
P T G N Z F J N U Y E B E D N R
S C U P F S N A R E S U J O O Q

Puzzle 16

BRIGHTLY
DEFERRED
DISHONEST
DWINDLES
FULFILLED
JUDGMENT
PRIDE
REWARDED
SHINES
SNARES
STRIFE
UNFAITHFUL

Notes

Proverbs 14:13-18 (NIV)

Even in laughter the heart may ache,
and rejoicing may end in grief.
The faithless will be fully repaid for their ways,
and the good rewarded for theirs.
The simple believe anything,
but the prudent give thought to their steps.
The wise fear the Lord and shun evil,
but a fool is hotheaded and yet feels secure.
A quick-tempered person does foolish things,
and the one who devises evil schemes is hated.
The simple inherit folly,
but the prudent are crowned with knowledge.

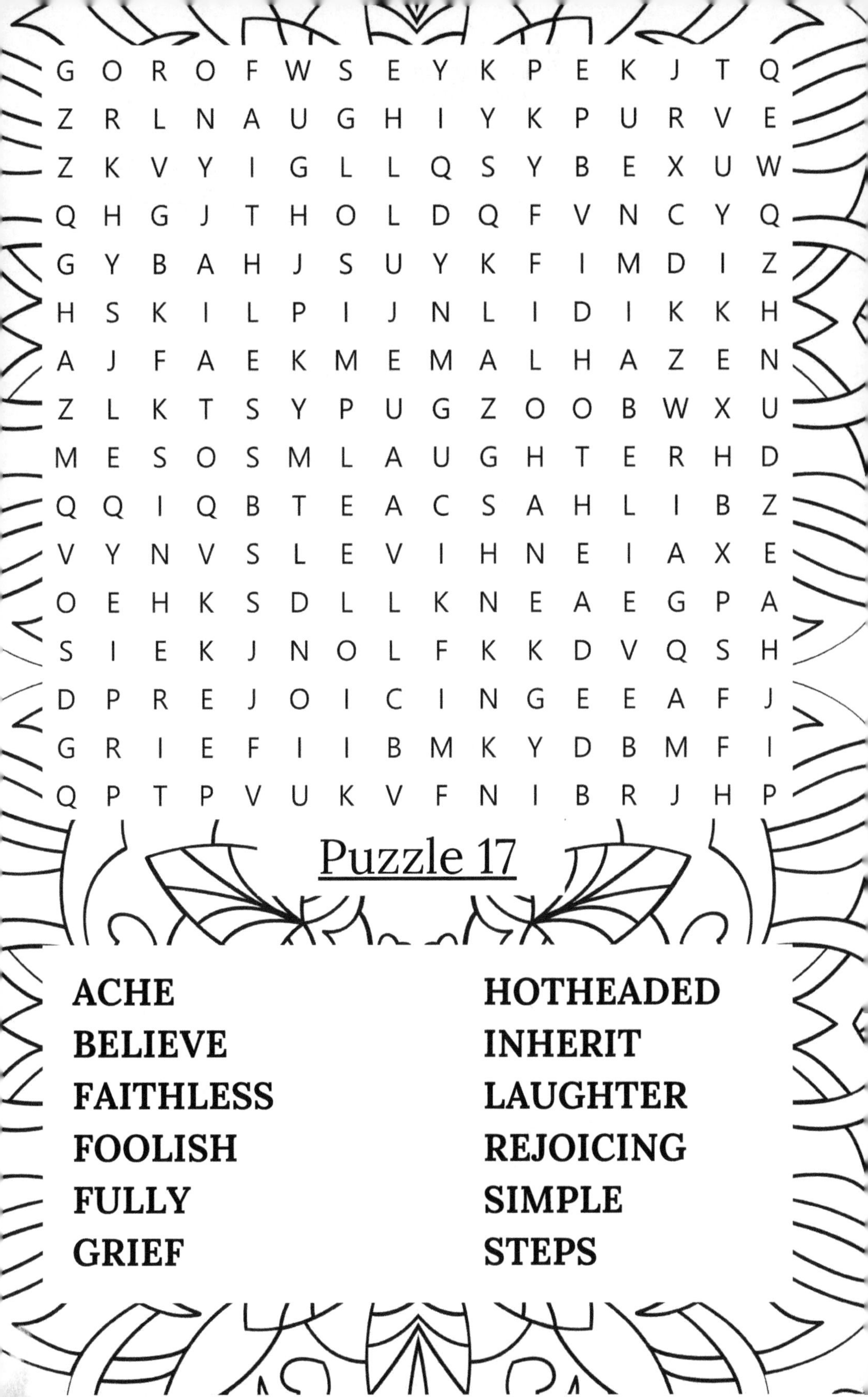

G	O	R	O	F	W	S	E	Y	K	P	E	K	J	T	Q
Z	R	L	N	A	U	G	H	I	Y	K	P	U	R	V	E
Z	K	V	Y	I	G	L	L	Q	S	Y	B	E	X	U	W
Q	H	G	J	T	H	O	L	D	Q	F	V	N	C	Y	Q
G	Y	B	A	H	J	S	U	Y	K	F	I	M	D	I	Z
H	S	K	I	L	P	I	J	N	L	I	D	I	K	K	H
A	J	F	A	E	K	M	E	M	A	L	H	A	Z	E	N
Z	L	K	T	S	Y	P	U	G	Z	O	O	B	W	X	U
M	E	S	O	S	M	L	A	U	G	H	T	E	R	H	D
Q	Q	I	Q	B	T	E	A	C	S	A	H	L	I	B	Z
V	Y	N	V	S	L	E	V	I	H	N	E	I	A	X	E
O	E	H	K	S	D	L	L	K	N	E	A	E	G	P	A
S	I	E	K	J	N	O	L	F	K	K	D	V	Q	S	H
D	P	R	E	J	O	I	C	I	N	G	E	E	A	F	J
G	R	I	E	F	I	I	B	M	K	Y	D	B	M	F	I
Q	P	T	P	V	U	K	V	F	N	I	B	R	J	H	P

Puzzle 17

ACHE
BELIEVE
FAITHLESS
FOOLISH
FULLY
GRIEF
HOTHEADED
INHERIT
LAUGHTER
REJOICING
SIMPLE
STEPS

Notes

Proverbs 14:29-35 (NIV)

Whoever is patient has great understanding,
but one who is quick-tempered displays folly.
A heart at peace gives life to the body,
but envy rots the bones.
Whoever oppresses the poor shows contempt for their Maker,
but whoever is kind to the needy honors God.
When calamity comes, the wicked are brought down,
but even in death the righteous seek refuge in God.
Wisdom reposes in the heart of the discerning
and even among fools she lets herself be known.
Righteousness exalts a nation,
but sin condemns any people.
A king delights in a wise servant,
but a shameful servant arouses his fury.

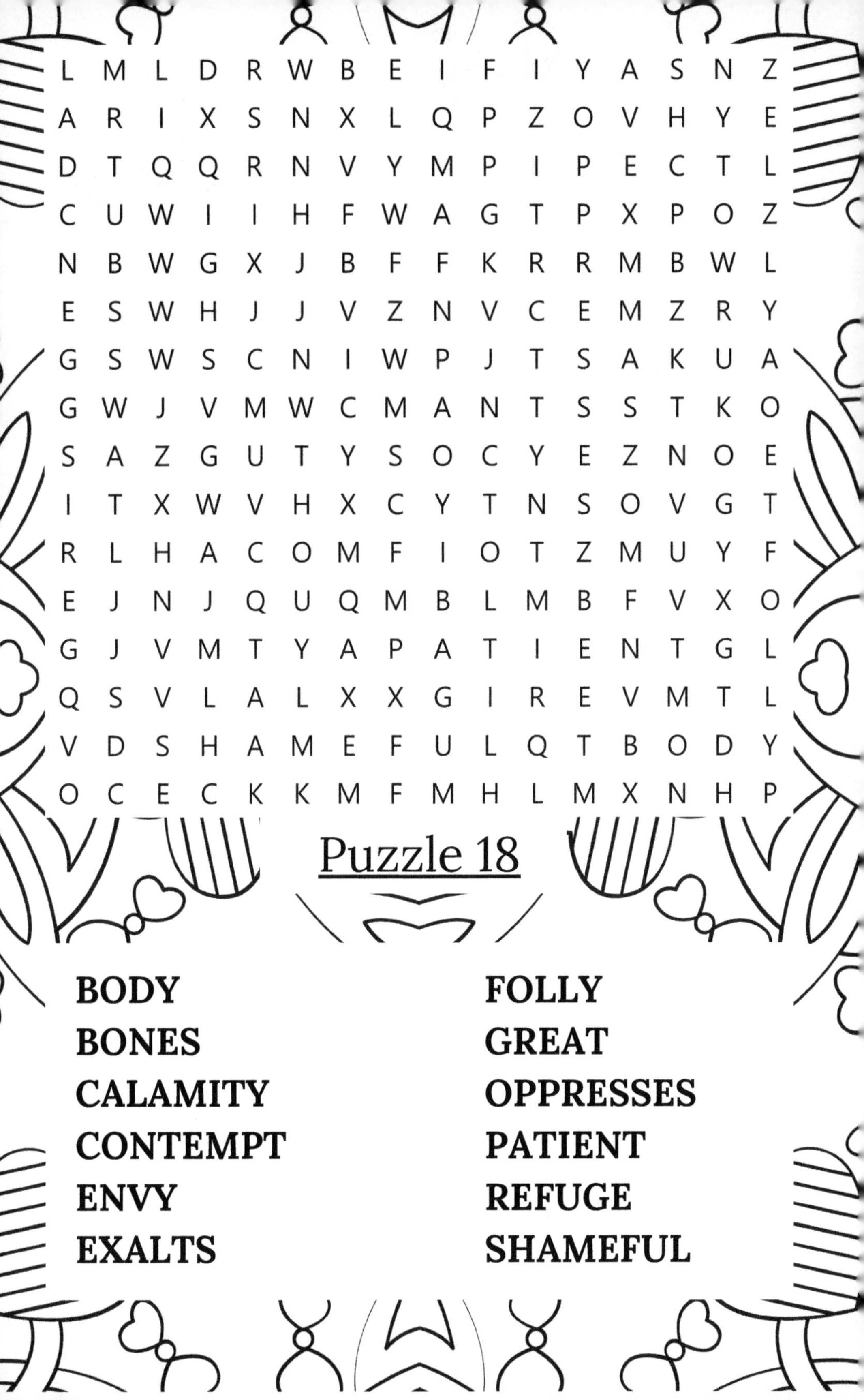

L M L D R W B E I F I Y A S N Z

A R I X S N X L Q P Z O V H Y E

D T Q Q R N V Y M P I P E C T L

C U W I I H F W A G T P X P O Z

N B W G X J B F F K R R M B W L

E S W H J J V Z N V C E M Z R Y

G S W S C N I W P J T S A K U A

G W J V M W C M A N T S S T K O

S A Z G U T Y S O C Y E Z N O E

I T X W V H X C Y T N S O V G T

R L H A C O M F I O T Z M U Y F

E J N J Q U Q M B L M B F V X O

G J V M T Y A P A T I E N T G L

Q S V L A L X X G I R E V M T L

V D S H A M E F U L Q T B O D Y

O C E C K K M F M H L M X N H P

Puzzle 18

BODY

BONES

CALAMITY

CONTEMPT

ENVY

EXALTS

FOLLY

GREAT

OPPRESSES

PATIENT

REFUGE

SHAMEFUL

Notes

Proverbs 15:1-7 (NIV)

A gentle answer turns away wrath,
but a harsh word stirs up anger.
The tongue of the wise adorns knowledge,
but the mouth of the fool gushes folly.
The eyes of the Lord are everywhere,
keeping watch on the wicked and the good.
The soothing tongue is a tree of life,
but a perverse tongue crushes the spirit.
A fool spurns a parent's discipline,
but whoever heeds correction shows prudence.
The house of the righteous contains great treasure,
but the income of the wicked brings ruin.
The lips of the wise spread knowledge,
but the hearts of fools are not upright.

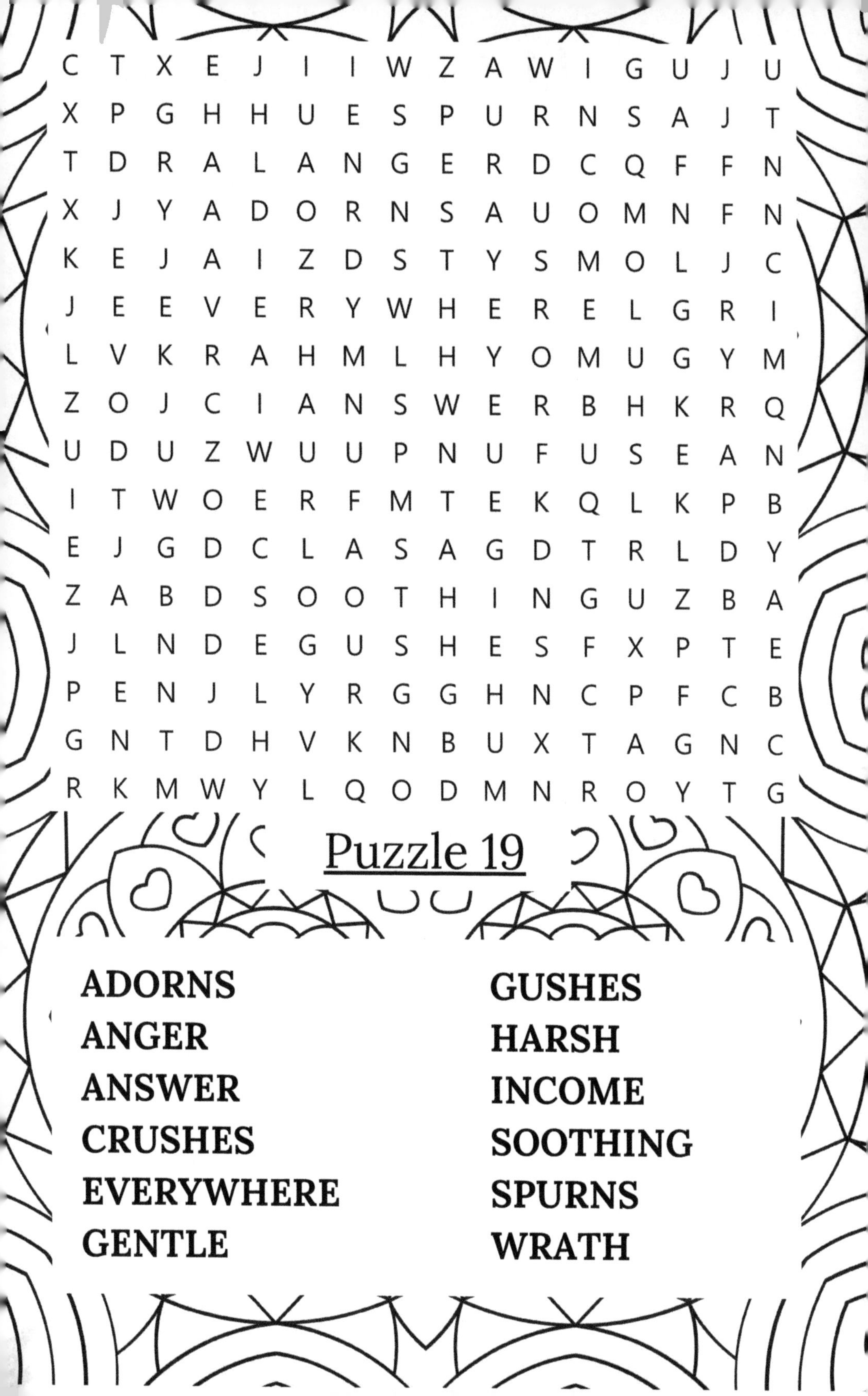

C	T	X	E	J	I	I	W	Z	A	W	I	G	U	J	U
X	P	G	H	H	U	E	S	P	U	R	N	S	A	J	T
T	D	R	A	L	A	N	G	E	R	D	C	Q	F	F	N
X	J	Y	A	D	O	R	N	S	A	U	O	M	N	F	N
K	E	J	A	I	Z	D	S	T	Y	S	M	O	L	J	C
J	E	E	V	E	R	Y	W	H	E	R	E	L	G	R	I
L	V	K	R	A	H	M	L	H	Y	O	M	U	G	Y	M
Z	O	J	C	I	A	N	S	W	E	R	B	H	K	R	Q
U	D	U	Z	W	U	U	P	N	U	F	U	S	E	A	N
I	T	W	O	E	R	F	M	T	E	K	Q	L	K	P	B
E	J	G	D	C	L	A	S	A	G	D	T	R	L	D	Y
Z	A	B	D	S	O	O	T	H	I	N	G	U	Z	B	A
J	L	N	D	E	G	U	S	H	E	S	F	X	P	T	E
P	E	N	J	L	Y	R	G	G	H	N	C	P	F	C	B
G	N	T	D	H	V	K	N	B	U	X	T	A	G	N	C
R	K	M	W	Y	L	Q	O	D	M	N	R	O	Y	T	G

Puzzle 19

ADORNS
ANGER
ANSWER
CRUSHES
EVERYWHERE
GENTLE
GUSHES
HARSH
INCOME
SOOTHING
SPURNS
WRATH

Notes

Proverbs 15:13-19 (NIV)

A happy heart makes the face cheerful,
but heartache crushes the spirit.
The discerning heart seeks knowledge,
but the mouth of a fool feeds on folly.
All the days of the oppressed are wretched,
but the cheerful heart has a continual feast.
Better a little with the fear of the Lord
than great wealth with turmoil.
Better a small serving of vegetables with love
than a fattened calf with hatred.
A hot-tempered person stirs up conflict,
but the one who is patient calms a quarrel.
The way of the sluggard is blocked with thorns,
but the path of the upright is a highway.

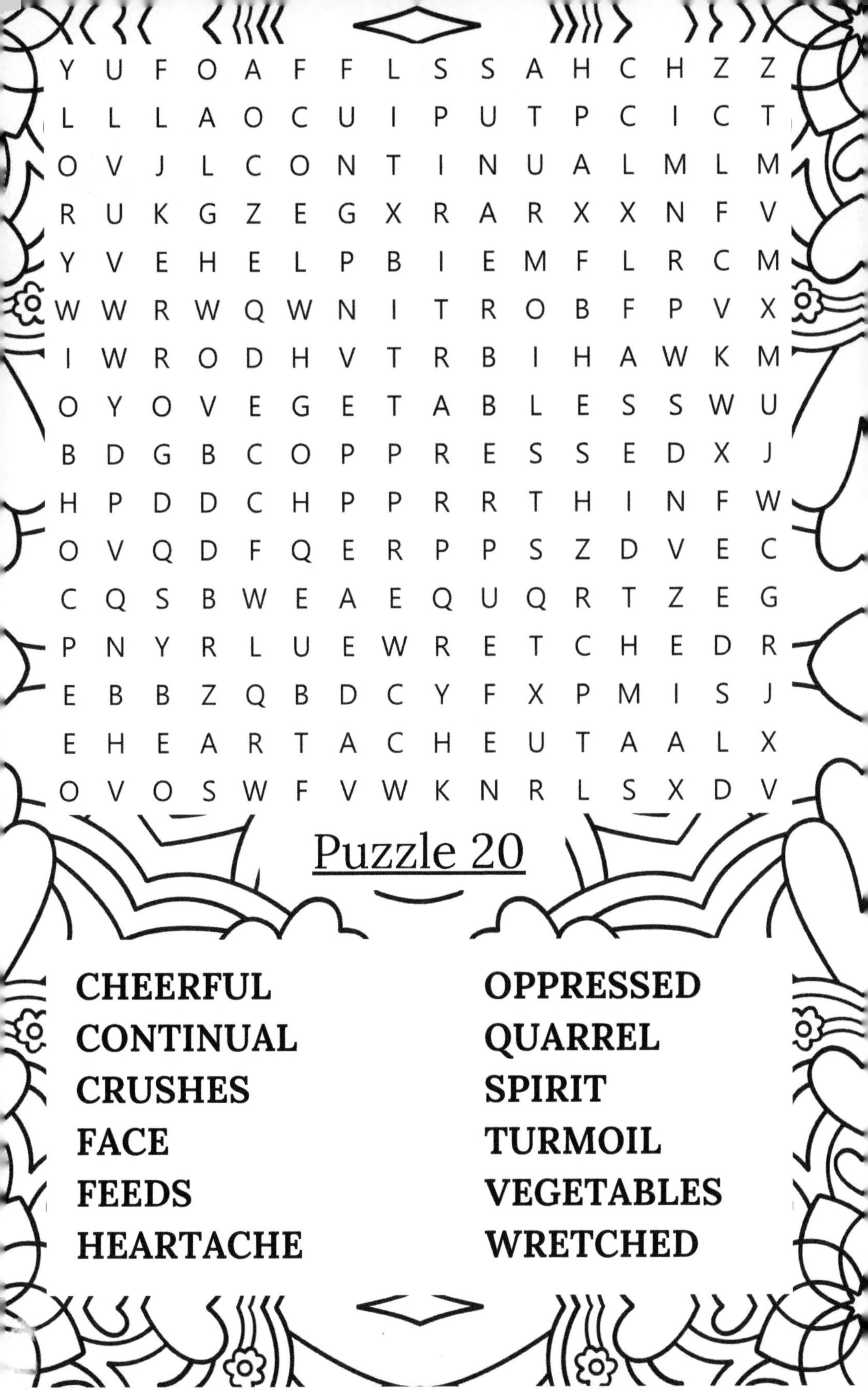

Y U F O A F F L S S A H C H Z Z
L L L A O C U I P U T P C I C T
O V J L C O N T I N U A L M L M
R U K G Z E G X R A R X X N F V
Y V E H E L P B I E M F L R C M
W W R W Q W N I T R O B F P V X
I W R O D H V T R B I H A W K M
O Y O V E G E T A B L E S S W U
B D G B C O P P R E S S E D X J
H P D D C H P P R R T H I N F W
O V Q D F Q E R P P S Z D V E C
C Q S B W E A E Q U Q R T Z E G
P N Y R L U E W R E T C H E D R
E B B Z Q B D C Y F X P M I S J
E H E A R T A C H E U T A A L X
O V O S W F V W K N R L S X D V

Puzzle 20

CHEERFUL
CONTINUAL
CRUSHES
FACE
FEEDS
HEARTACHE
OPPRESSED
QUARREL
SPIRIT
TURMOIL
VEGETABLES
WRETCHED

Notes

Proverbs 16:1-9 (NIV)

To humans belong the plans of the heart,
but from the Lord comes the proper answer of the tongue.
All a person's ways seem pure to them,
but motives are weighed by the Lord.
Commit to the Lord whatever you do,
and he will establish your plans.
The Lord works out everything to its proper end—
even the wicked for a day of disaster.
The Lord detests all the proud of heart.
Be sure of this: They will not go unpunished.
Through love and faithfulness sin is atoned for;
through the fear of the Lord evil is avoided.
When the Lord takes pleasure in anyone's way,
he causes their enemies to make peace with them.
Better a little with righteousness
than much gain with injustice.
In their hearts humans plan their course,
but the Lord establishes their steps.

M	N	T	K	N	C	E	Q	D	S	V	S	E	L	Z	U
O	T	L	U	D	V	K	D	P	I	Z	L	A	F	P	N
Z	U	U	T	I	B	F	W	F	Q	G	Z	K	N	K	P
C	A	B	Q	U	N	B	D	V	K	S	B	K	E	C	U
N	T	R	E	L	O	S	A	X	L	C	P	Y	I	D	N
W	O	F	D	X	V	Z	P	E	S	G	Y	U	U	E	I
F	N	S	O	W	Z	K	B	E	H	Q	B	U	R	T	S
W	E	I	G	H	E	D	V	R	Z	B	N	W	V	E	H
J	D	E	N	E	M	I	E	S	E	C	O	U	R	S	E
P	N	W	E	J	T	E	X	R	M	W	C	H	U	T	D
Z	V	P	W	O	U	Y	T	A	W	B	N	U	I	S	K
V	H	H	M	C	O	S	E	V	H	C	U	M	U	B	I
H	J	N	J	Y	H	X	T	E	E	W	M	A	B	Y	B
C	C	U	V	Y	I	R	F	I	R	O	O	N	X	C	J
N	Q	O	Z	A	E	U	H	P	C	P	F	S	Q	Y	T
E	V	E	R	Y	T	H	I	N	G	E	P	F	R	K	F

Puzzle 21

ATONED
COMMIT
COURSE
DETESTS
ENEMIES
EVERYTHING
HUMANS
INJUSTICE
MOTIVES
PURE
UNPUNISHED
WEIGHED

Notes

Proverbs 16:16, 21-25, 31-32 (NIV)

How much better to get wisdom than gold,
to get insight rather than silver!
The wise in heart are called discerning,
and gracious words promote instruction.
Prudence is a fountain of life to the prudent,
but folly brings punishment to fools.
The hearts of the wise make their mouths prudent,
and their lips promote instruction.
Gracious words are a honeycomb,
sweet to the soul and healing to the bones.
There is a way that appears to be right,
but in the end it leads to death.
Gray hair is a crown of splendor;
it is attained in the way of righteousness.
Better a patient person than a warrior,
one with self-control than one who takes a city.

O	O	J	X	A	M	J	H	P	R	A	R	D	G	O	Z
V	H	N	P	H	I	R	C	C	J	J	L	M	S	W	T
P	O	O	W	C	R	N	Y	G	J	A	L	V	I	D	Y
J	C	J	D	H	J	M	F	X	H	G	G	V	Q	D	X
U	W	V	G	B	O	S	S	W	D	E	R	T	P	J	Y
H	F	G	T	G	K	C	J	J	T	C	A	L	L	E	D
L	G	B	I	Z	V	W	X	V	I	P	C	L	O	D	T
Q	P	H	G	O	G	R	F	G	J	U	I	R	I	E	S
F	O	O	L	S	A	O	Y	R	Z	N	O	B	E	N	J
T	V	N	K	N	C	V	V	M	K	I	U	W	T	B	G
G	W	E	T	A	P	P	E	A	R	S	S	A	K	D	O
R	M	Y	R	E	L	E	C	R	J	H	S	F	N	J	H
V	V	C	N	C	G	R	A	Y	N	M	D	Q	O	T	L
C	V	O	X	E	Z	W	N	Y	B	E	T	T	E	R	A
D	U	M	D	H	O	S	O	K	G	N	L	S	C	Q	Z
A	M	B	F	L	J	R	M	R	A	T	H	E	R	G	N

Puzzle 22

APPEARS
BETTER
CALLED
FOOLS
GRACIOUS
GRAY
HEALING
HONEYCOMB
PUNISHMENT
RATHER
SWEET
WARRIOR

Notes

Proverbs Proverbs 17:1-10 (NIV)

Better a dry crust with peace and quiet
than a house full of feasting, with strife.
A prudent servant will rule over a disgraceful son
and will share the inheritance as one of the family.
The crucible for silver and the furnace for gold,
but the Lord tests the heart.
A wicked person listens to deceitful lips;
a liar pays attention to a destructive tongue.
Whoever mocks the poor shows contempt for their Maker;
whoever gloats over disaster will not go unpunished.
Children's children are a crown to the aged,
and parents are the pride of their children.
Eloquent lips are unsuited to a godless fool—
how much worse lying lips to a ruler!
A bribe is seen as a charm by the one who gives it;
they think success will come at every turn.
Whoever would foster love covers over an offense,
but whoever repeats the matter separates close friends.
A rebuke impresses a discerning person
more than a hundred lashes a fool.

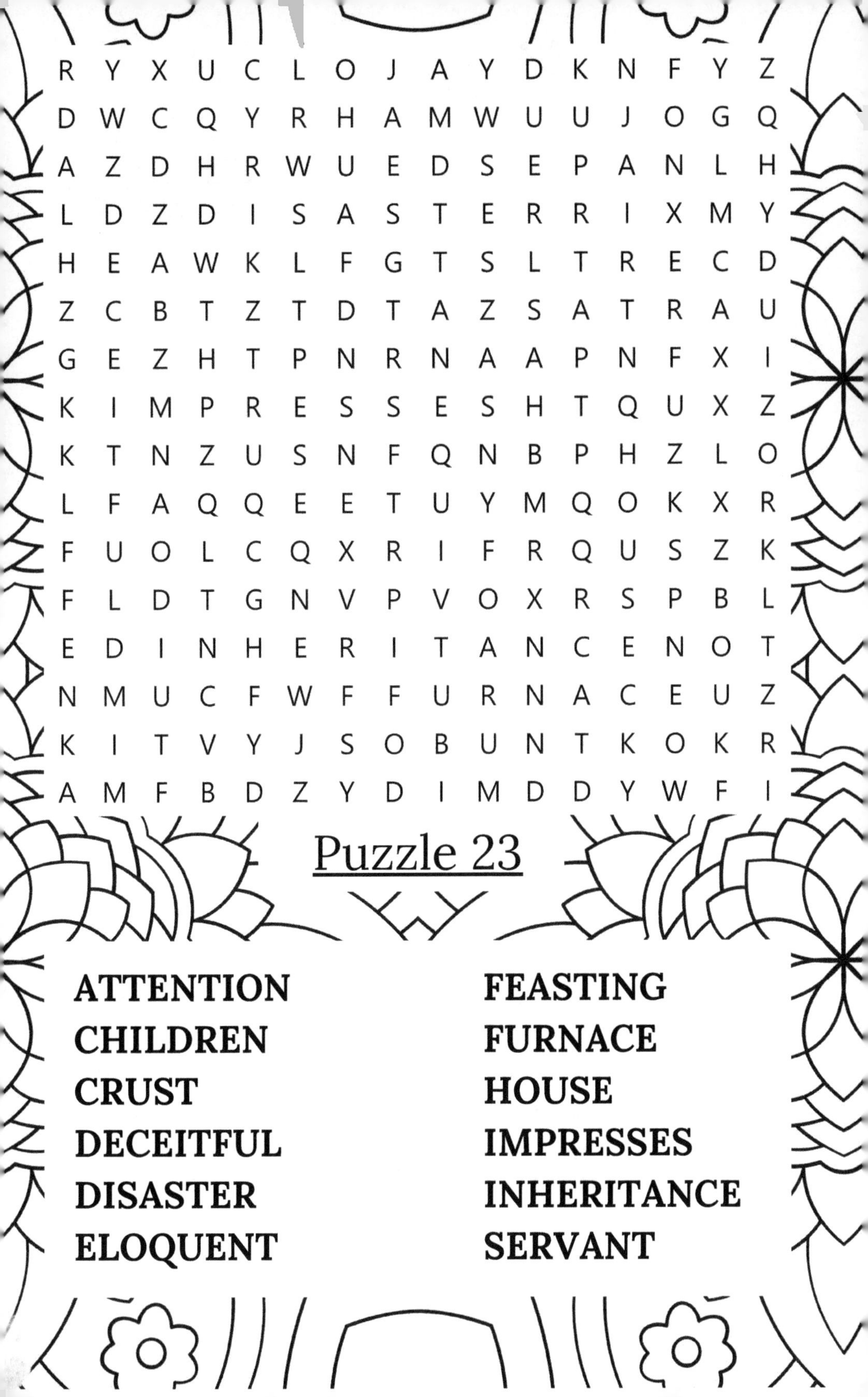

R	Y	X	U	C	L	O	J	A	Y	D	K	N	F	Y	Z
D	W	C	Q	Y	R	H	A	M	W	U	U	J	O	G	Q
A	Z	D	H	R	W	U	E	D	S	E	P	A	N	L	H
L	D	Z	D	I	S	A	S	T	E	R	R	I	X	M	Y
H	E	A	W	K	L	F	G	T	S	L	T	R	E	C	D
Z	C	B	T	Z	T	D	T	A	Z	S	A	T	R	A	U
G	E	Z	H	T	P	N	R	N	A	A	P	N	F	X	I
K	I	M	P	R	E	S	S	E	S	H	T	Q	U	X	Z
K	T	N	Z	U	S	N	F	Q	N	B	P	H	Z	L	O
L	F	A	Q	Q	E	E	T	U	Y	M	Q	O	K	X	R
F	U	O	L	C	Q	X	R	I	F	R	Q	U	S	Z	K
F	L	D	T	G	N	V	P	V	O	X	R	S	P	B	L
E	D	I	N	H	E	R	I	T	A	N	C	E	N	O	T
N	M	U	C	F	W	F	F	U	R	N	A	C	E	U	Z
K	I	T	V	Y	J	S	O	B	U	N	T	K	O	K	R
A	M	F	B	D	Z	Y	D	I	M	D	D	Y	W	F	I

Puzzle 23

ATTENTION
CHILDREN
CRUST
DECEITFUL
DISASTER
ELOQUENT
FEASTING
FURNACE
HOUSE
IMPRESSES
INHERITANCE
SERVANT

Notes

Proverbs Proverbs 18:15-22 (NIV)

The heart of the discerning acquires knowledge,
for the ears of the wise seek it out.
A gift opens the way
and ushers the giver into the presence of the great.
In a lawsuit the first to speak seems right,
until someone comes forward and cross-examines.
Casting the lot settles disputes
and keeps strong opponents apart.
A brother wronged is more unyielding than a fortified city;
disputes are like the barred gates of a citadel.
From the fruit of their mouth a person's stomach is filled;
with the harvest of their lips they are satisfied.
The tongue has the power of life and death,
and those who love it will eat its fruit.
He who finds a wife finds what is good
and receives favor from the Lord.

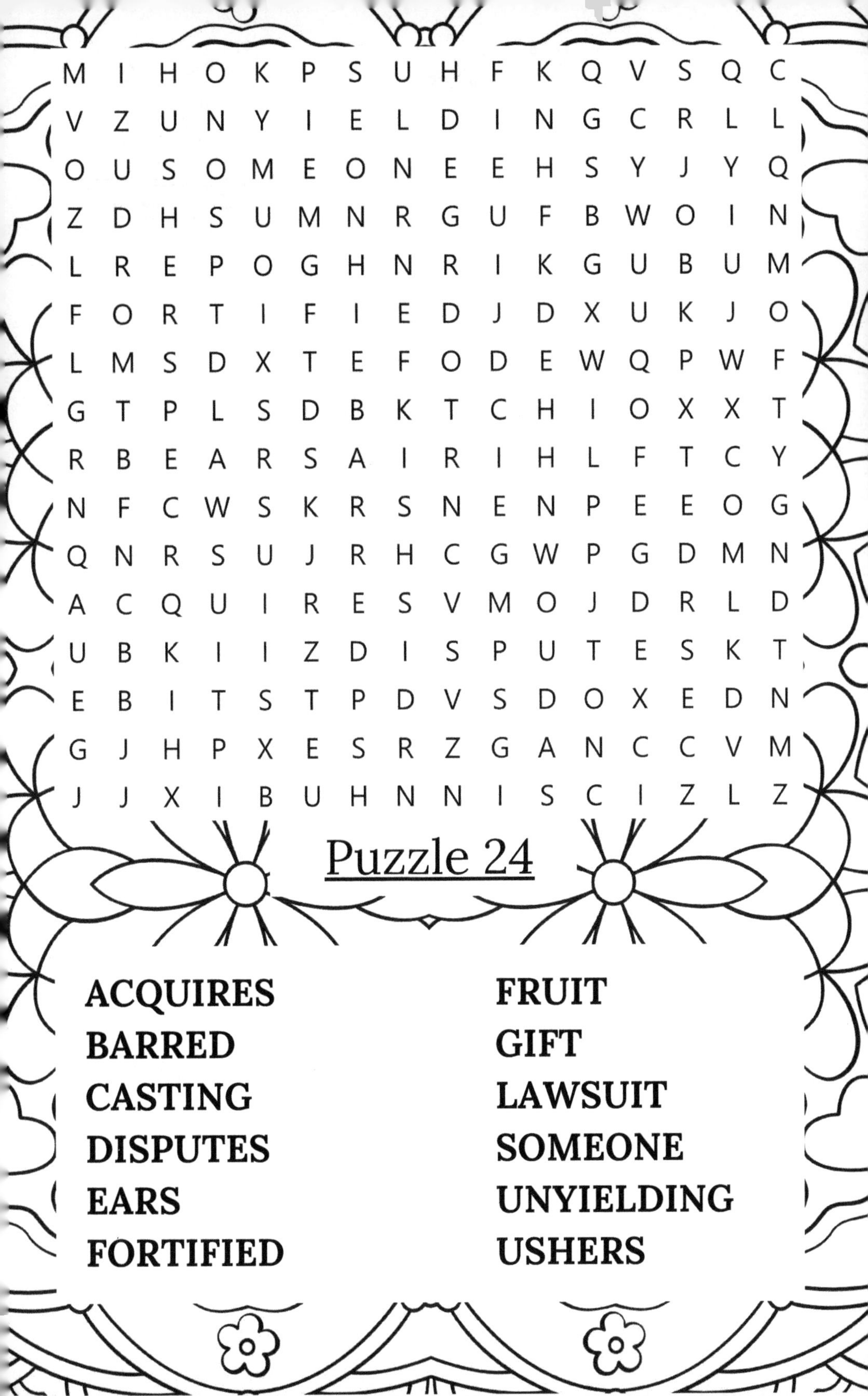

M	I	H	O	K	P	S	U	H	F	K	Q	V	S	Q	C
V	Z	U	N	Y	I	E	L	D	I	N	G	C	R	L	L
O	U	S	O	M	E	O	N	E	E	H	S	Y	J	Y	Q
Z	D	H	S	U	M	N	R	G	U	F	B	W	O	I	N
L	R	E	P	O	G	H	N	R	I	K	G	U	B	U	M
F	O	R	T	I	F	I	E	D	J	D	X	U	K	J	O
L	M	S	D	X	T	E	F	O	D	E	W	Q	P	W	F
G	T	P	L	S	D	B	K	T	C	H	I	O	X	X	T
R	B	E	A	R	S	A	I	R	I	H	L	F	T	C	Y
N	F	C	W	S	K	R	S	N	E	N	P	E	E	O	G
Q	N	R	S	U	J	R	H	C	G	W	P	G	D	M	N
A	C	Q	U	I	R	E	S	V	M	O	J	D	R	L	D
U	B	K	I	I	Z	D	I	S	P	U	T	E	S	K	T
E	B	I	T	S	T	P	D	V	S	D	O	X	E	D	N
G	J	H	P	X	E	S	R	Z	G	A	N	C	C	V	M
J	J	X	I	B	U	H	N	N	I	S	C	I	Z	L	Z

Puzzle 24

ACQUIRES
BARRED
CASTING
DISPUTES
EARS
FORTIFIED
FRUIT
GIFT
LAWSUIT
SOMEONE
UNYIELDING
USHERS

Notes

Proverbs 19:4-11 (NIV)

**Wealth attracts many friends,
but even the closest friend of the poor person deserts them.
A false witness will not go unpunished,
and whoever pours out lies will not go free.
Many curry favor with a ruler,
and everyone is the friend of one who gives gifts.
The poor are shunned by all their relatives—
how much more do their friends avoid them!
Though the poor pursue them with pleading,
they are nowhere to be found.
The one who gets wisdom loves life;
the one who cherishes understanding will soon prosper.
A false witness will not go unpunished,
and whoever pours out lies will perish.
It is not fitting for a fool to live in luxury—
how much worse for a slave to rule over princes!
A person's wisdom yields patience;
it is to one's glory to overlook an offense.**

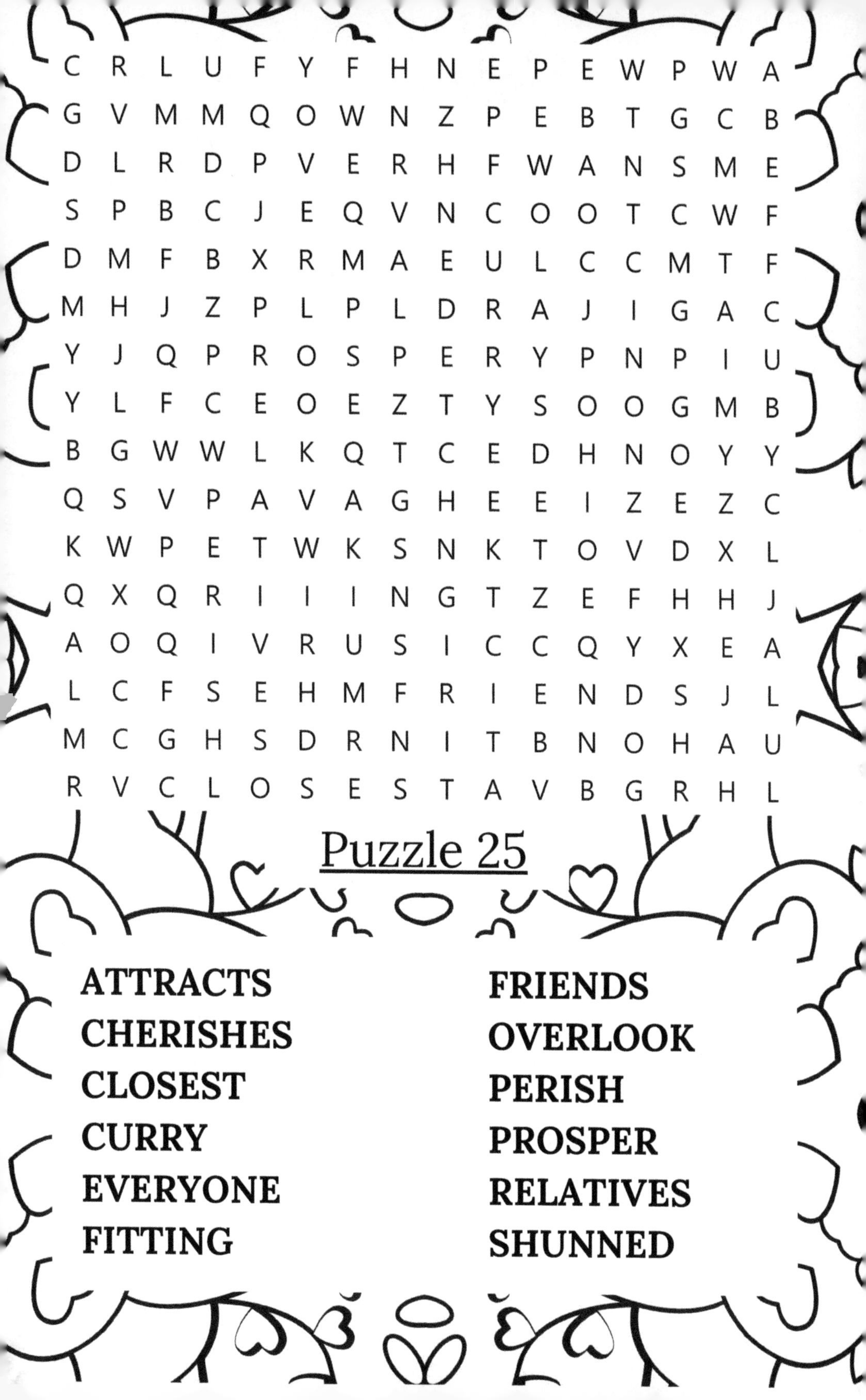

C R L U F Y F H N E P E W P W A
G V M M Q O W N Z P E B T G C B
D L R D P V E R H F W A N S M E
S P B C J E Q V N C O O T C W F
D M F B X R M A E U L C C M T F
M H J Z P L P L D R A J I G A C
Y J Q P R O S P E R Y P N P I U
Y L F C E O E Z T Y S O O G M B
B G W W L K Q T C E D H N O Y Y
Q S V P A V A G H E E I Z E Z C
K W P E T W K S N K T O V D X L
Q X Q R I I I N G T Z E F H H J
A O Q I V R U S I C C Q Y X E A
L C F S E H M F R I E N D S J L
M C G H S D R N I T B N O H A U
R V C L O S E S T A V B G R H L

Puzzle 25

ATTRACTS
CHERISHES
CLOSEST
CURRY
EVERYONE
FITTING
FRIENDS
OVERLOOK
PERISH
PROSPER
RELATIVES
SHUNNED

Notes

Proverbs 19:17-23 (NIV)

Whoever is kind to the poor lends to the Lord,
and he will reward them for what they have done.
Discipline your children, for in that there is hope;
do not be a willing party to their death.
A hot-tempered person must pay the penalty;
rescue them, and you will have to do it again.
Listen to advice and accept discipline,
and at the end you will be counted among the wise.
Many are the plans in a person's heart,
but it is the Lord's purpose that prevails.
What a person desires is unfailing love;
better to be poor than a liar.
The fear of the Lord leads to life;
then one rests content, untouched by trouble.

L	D	U	N	F	A	I	L	I	N	G	J	J	T	D	F
R	P	E	N	A	L	T	Y	B	S	M	T	X	L	R	W
K	E	L	A	T	L	E	J	N	G	N	Q	Y	X	B	Y
M	R	S	A	T	O	F	N	R	C	D	M	U	T	C	F
F	S	X	C	N	H	U	O	D	F	A	F	O	E	E	W
Y	O	K	J	U	S	W	C	M	S	V	V	E	C	F	B
M	N	N	M	H	E	U	R	H	A	K	Q	I	I	G	C
S	P	R	E	N	U	H	G	H	E	C	V	T	A	C	O
C	I	E	G	I	I	P	S	Q	R	D	S	Q	U	O	Z
V	X	V	P	V	S	U	E	I	A	H	E	A	W	G	Z
T	J	T	M	E	F	P	R	L	I	S	T	E	N	F	K
A	Y	N	Z	Y	A	L	X	A	O	T	G	I	L	E	Y
L	H	W	H	E	W	Y	H	P	L	P	L	Y	G	X	G
L	O	Z	H	P	N	U	R	R	H	L	S	V	E	W	J
A	D	S	I	F	V	U	B	X	I	J	H	N	J	L	T
N	X	B	S	C	P	F	M	W	L	U	Y	W	R	D	T

Puzzle 26

ADVICE
DEATH
LENDS
LISTEN
PENALTY
PERSON
PLANS
PURPOSE
RESCUE
UNFAILING
UNTOUCHED
WILLING

Notes

Proverbs 20:12-19 (NIV)

Ears that hear and eyes that see—
the Lord has made them both.
Do not love sleep or you will grow poor;
stay awake and you will have food to spare.
"It's no good, it's no good!" says the buyer—
then goes off and boasts about the purchase.
Gold there is, and rubies in abundance,
but lips that speak knowledge are a rare jewel.
Take the garment of one who puts up security for a stranger;
hold it in pledge if it is done for an outsider.
Food gained by fraud tastes sweet,
but one ends up with a mouth full of gravel.
Plans are established by seeking advice;
so if you wage war, obtain guidance.
A gossip betrays a confidence;
so avoid anyone who talks too much.

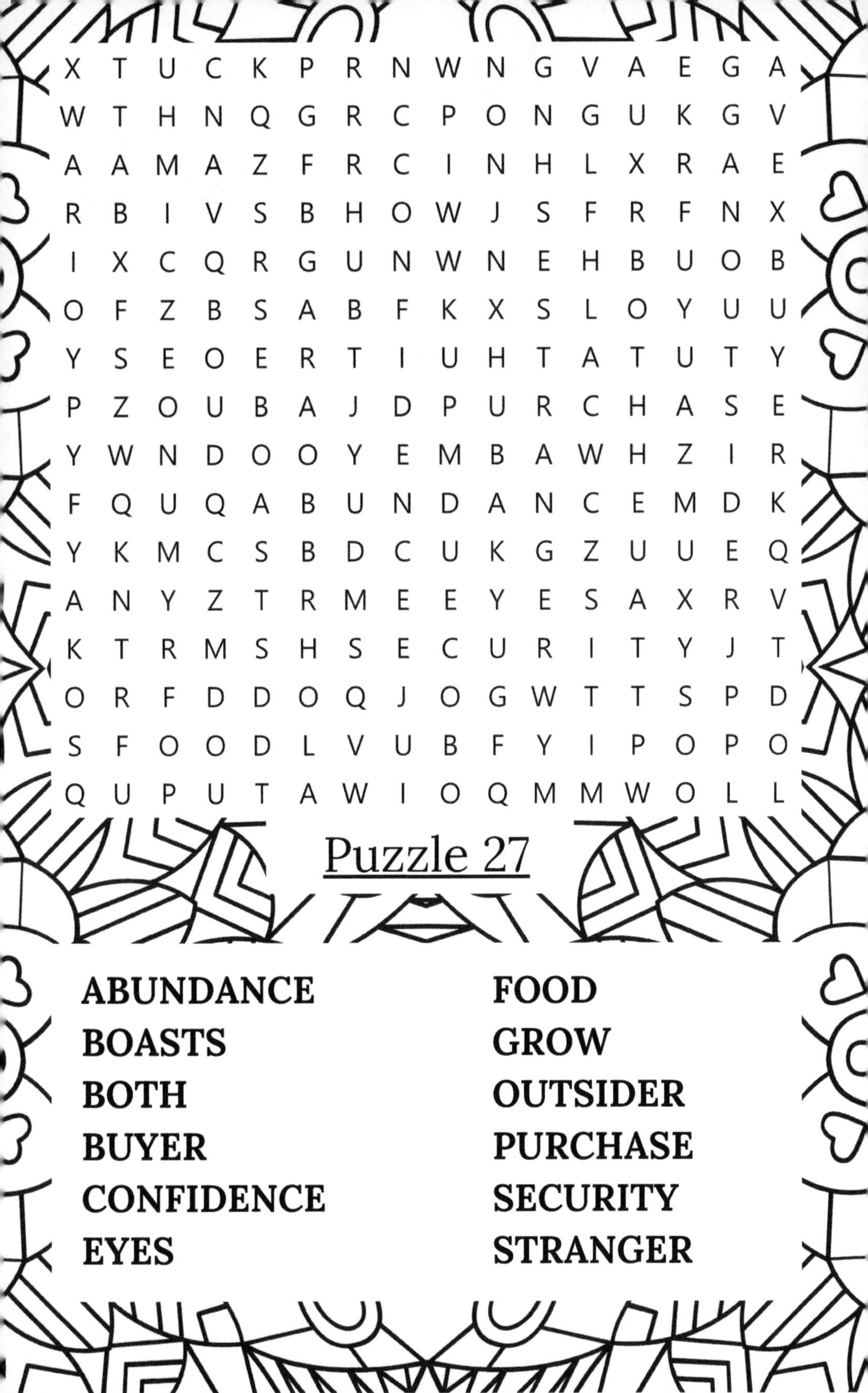

X T U C K P R N W N G V A E G A
W T H N Q G R C P O N G U K G V
A A M A Z F R C I N H L X R A E
R B I V S B H O W J S F R F N X
I X C Q R G U N W N E H B U O B
O F Z B S A B F K X S L O Y U U
Y S E O E R T I U H T A T U T Y
P Z O U B A J D P U R C H A S E
Y W N D O O Y E M B A W H Z I R
F Q U Q A B U N D A N C E M D K
Y K M C S B D C U K G Z U U E Q
A N Y Z T R M E E Y E S A X R V
K T R M S H S E C U R I T Y J T
O R F D D O Q J O G W T T S P D
S F O O D L V U B F Y I P O P O
Q U P U T A W I O Q M M W O L L

Puzzle 27

ABUNDANCE
BOASTS
BOTH
BUYER
CONFIDENCE
EYES
FOOD
GROW
OUTSIDER
PURCHASE
SECURITY
STRANGER

Notes

Proverbs 21:13-15, 22-23, 30-31 (NIV)

Whoever shuts their ears to the cry of the poor
will also cry out and not be answered.
A gift given in secret soothes anger,
and a bribe concealed in the cloak pacifies great wrath.
When justice is done, it brings joy to the righteous
but terror to evildoers.

One who is wise can go up against the city of the mighty
and pull down the stronghold in which they trust.
Those who guard their mouths and their tongues
keep themselves from calamity.

There is no wisdom, no insight, no plan
that can succeed against the Lord.
The horse is made ready for the day of battle,
but victory rests with the Lord.

I B X C V V H J X A M O F D Y B
D X V V V E C M J K A G W Q D H
A I A F P B J L K N L V K M N R
B D N I A I A I O E H Y L T K V
B A G A I N S T N H O X F N W D
T M U L K H J I T S R Z W T Y C
I I C Y S U W G E L S P B Y P L
Y O N H A U Y J B S E C R E T O
O X B E V G L A T X U C L O A K
R X Y E Y U G U N U C C H M H E
K V V L U E H S P S V Y C A S G
U O B R P S A A O S W S J E S N
T P S A F R Q C O N C E A L E D
X T J D C F S A R B T B R S X D
G X E G F D M G M P M A D E I S
F M S Q H S T R O N G H O L D J

Puzzle 28

AGAINST
ANSWERED
BATTLE
CLOAK
CONCEALED
CRY
HORSE
POOR
SECRET
SHUTS
STRONGHOLD
SUCCEED

Notes

Proverbs 22:1-6, 17-19 (NIV)

A good name is more desirable than great riches;
to be esteemed is better than silver or gold.
Rich and poor have this in common:
The Lord is the Maker of them all.
The prudent see danger and take refuge,
but the simple keep going and pay the penalty.
Humility is the fear of the Lord;
its wages are riches and honor and life.
In the paths of the wicked are snares and pitfalls,
but those who would preserve their life stay far from them.
Start children off on the way they should go,
and even when they are old they will not turn from it.
Pay attention and turn your ear to the sayings of the wise;
apply your heart to what I teach,
for it is pleasing when you keep them in your heart
and have all of them ready on your lips.
So that your trust may be in the Lord,...

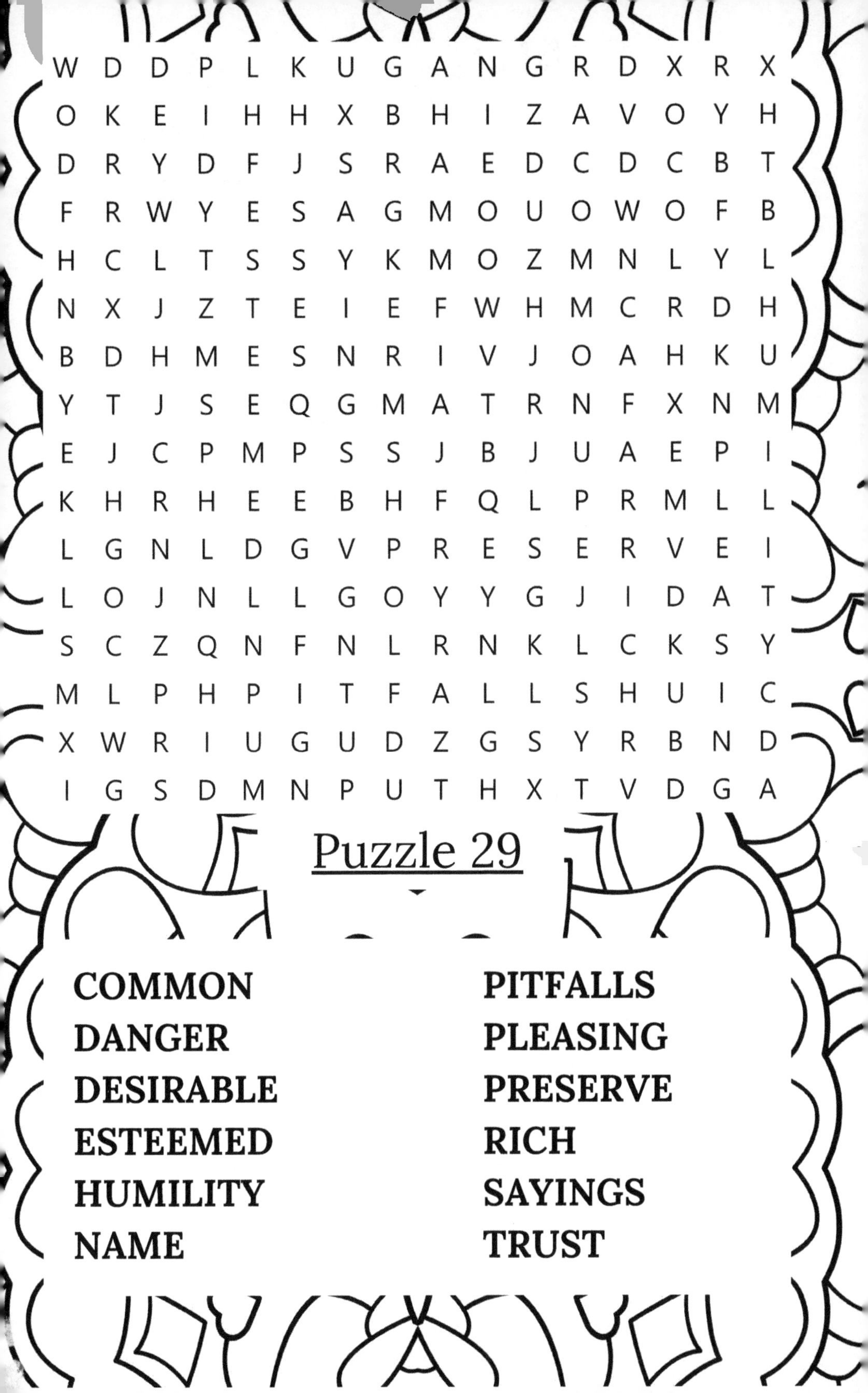

W	D	D	P	L	K	U	G	A	N	G	R	D	X	R	X
O	K	E	I	H	H	X	B	H	I	Z	A	V	O	Y	H
D	R	Y	D	F	J	S	R	A	E	D	C	D	C	B	T
F	R	W	Y	E	S	A	G	M	O	U	O	W	O	F	B
H	C	L	T	S	S	Y	K	M	O	Z	M	N	L	Y	L
N	X	J	Z	T	E	I	E	F	W	H	M	C	R	D	H
B	D	H	M	E	S	N	R	I	V	J	O	A	H	K	U
Y	T	J	S	E	Q	G	M	A	T	R	N	F	X	N	M
E	J	C	P	M	P	S	S	J	B	J	U	A	E	P	I
K	H	R	H	E	E	B	H	F	Q	L	P	R	M	L	L
L	G	N	L	D	G	V	P	R	E	S	E	R	V	E	I
L	O	J	N	L	L	G	O	Y	Y	G	J	I	D	A	T
S	C	Z	Q	N	F	N	L	R	N	K	L	C	K	S	Y
M	L	P	H	P	I	T	F	A	L	L	S	H	U	I	C
X	W	R	I	U	G	U	D	Z	G	S	Y	R	B	N	D
I	G	S	D	M	N	P	U	T	H	X	T	V	D	G	A

Puzzle 29

COMMON
DANGER
DESIRABLE
ESTEEMED
HUMILITY
NAME
PITFALLS
PLEASING
PRESERVE
RICH
SAYINGS
TRUST

Notes

Proverbs 31:10-18, 30-31 (NIV)

A wife of noble character who can find?
She is worth far more than rubies.
Her husband has full confidence in her
and lacks nothing of value.
She brings him good, not harm,
all the days of her life.
She selects wool and flax
and works with eager hands.
She is like the merchant ships,
bringing her food from afar.
She gets up while it is still night;
she provides food for her family
and portions for her female servants.
She considers a field and buys it;
out of her earnings she plants a vineyard.
She sets about her work vigorously;
her arms are strong for her tasks.
She sees that her trading is profitable,
and her lamp does not go out at night.
Charm is deceptive, and beauty is fleeting;
but a woman who fears the Lord is to be praised.
Honor her for all that her hands have done,
and let her works bring her praise at the city gate.

Q	S	V	P	P	D	A	I	Q	K	L	T	C	T	O	E
S	S	P	C	G	V	A	K	F	Z	E	A	G	E	R	L
X	V	T	Q	V	M	B	A	V	L	K	U	C	Y	U	W
G	J	M	E	F	P	E	B	D	A	E	I	Q	K	G	F
H	P	W	O	U	S	V	R	S	E	L	E	C	T	S	R
Q	H	W	E	S	I	A	I	C	H	S	U	T	V	J	T
S	Y	P	K	W	Y	L	N	F	H	Q	B	E	I	P	L
C	J	E	R	E	N	E	G	T	H	A	G	H	O	N	D
I	M	Z	N	C	W	R	S	E	X	N	N	U	Z	W	G
O	H	I	R	P	O	R	T	I	O	N	S	T	E	A	C
P	V	I	G	O	R	O	U	S	L	Y	C	T	B	E	F
N	Z	A	N	O	T	H	I	N	G	U	D	Y	O	C	M
D	V	H	Y	W	H	J	N	L	E	B	Q	D	M	P	K
W	A	T	E	R	E	V	B	D	H	M	C	Q	J	T	P
G	W	K	K	L	K	F	D	S	B	R	P	A	N	C	A
K	Q	Y	D	E	J	K	H	I	T	D	R	J	H	X	B

Puzzle 30

BRINGS	**PORTIONS**
EAGER	**SELECTS**
FLEETING	**VALUE**
LACKS	**VIGOROUSLY**
MERCHANT	**VINEYARD**
NOTHING	**WORTH**

Proverbs

Word Search Book

SOLUTIONS

Puzzle 1

L	T	O	Y	K	R	L	S	P	C	O	E	K	Q	R	U
Z	M	G	N	W	N	G	X	D	Q	H	A	I	M	R	C
B	C	H	D	R	I	O	C	Z	J	F	I	Z	A	O	M
G	N	H	R	X	G	S	W	N	O	I	H	K	F	H	C
G	X	I	Z	R	I	D	D	L	E	S	A	M	B	M	X
G	Z	P	V	I	Q	N	G	O	E	Y	N	G	J	R	S
K	U	T	R	G	F	P	S	L	M	D	K	P	P	B	O
M	U	Z	T	H	A	M	B	I	V	W	G	B	R	C	L
I	A	A	Z	T	I	A	B	L	G	U	P	E	U	A	O
R	I	L	X	H	R	J	T	D	V	H	V	G	D	P	M
S	L	D	R	A	K	Q	X	O	R	O	T	I	E	X	O
M	N	T	P	Y	N	Y	Y	N	R	H	I	N	N	G	N
P	F	T	Z	H	Z	S	E	P	K	G	Q	N	T	Q	F
E	Q	E	I	Q	J	E	X	C	R	N	E	I	O	M	J
J	L	G	V	N	J	D	I	S	C	E	R	N	I	N	G
C	G	K	R	D	Q	E	J	H	R	W	W	G	O	U	W

Puzzle 2

U	V	M	C	I	B	C	O	G	P	N	X	X	B	Q	M
R	X	M	L	X	C	P	F	M	A	O	S	G	E	I	I
J	D	R	W	G	C	O	M	M	A	N	D	S	O	B	C
W	R	O	U	D	I	J	A	D	E	H	P	M	C	H	Q
V	H	S	F	P	G	Q	I	D	M	J	R	H	B	B	H
F	N	T	J	U	R	G	D	C	V	K	O	P	F	L	N
M	W	C	Z	L	L	I	T	C	A	R	T	O	W	A	Y
Q	Z	Y	T	F	H	P	G	G	N	K	E	N	V	M	D
V	H	T	N	G	A	E	N	H	Z	M	C	G	W	E	F
C	F	T	J	O	I	I	A	H	T	B	T	Y	O	L	N
Z	H	N	Z	W	Y	L	T	R	E	A	S	U	R	E	D
H	E	B	U	L	C	U	V	H	T	Z	Q	T	D	S	G
R	R	X	P	N	O	C	O	L	F	I	U	T	S	S	X
P	J	P	K	M	N	P	W	O	O	U	P	W	K	I	K
Z	A	V	K	L	D	G	F	D	S	I	L	V	E	R	Q
I	R	K	A	A	X	S	C	R	C	R	G	R	U	R	H

Puzzle 3

W C S B L U Y V E T F N Q U G Q

Z M P R O F I T A B L E R T R J

P R E C I O U S Q U Z A U A Q J

G H W M S U P F M O J L O X K R

U T R L B N B N Y C O O N L X B

K Y I E L D S A Y F V M X Q E B

R K C N X A H S I D M B G Y D F

G J H Y P T E V I P F L R H H X

F D E I K I D J M L I E C E X U

D G S P B O J K Q E T S A A A U

G K O U A N E U W A E S Q V Z P

Z D R L S S I G W S V E N E B D

T X U N D E R S T A N D I N G V

V J I J B R A O Y N V I K S B M

E Y O N Z T M S C T U B U I N W

P W G W K P R W L U M Q L Q E V

Puzzle 4

X D I V U K J R L D P W Q J T J

J R C N S F H N Q I N B A P R G

L X I T V F W F I U V B V T Z Z

N C O F C O T T O Z H E T I Y O

P N V C R R H U U V V R K S R N

W O O C H G A O F O R S A K E P

G U W G U E X A L T T F U O Y V

X V A A L T R D H E D A V G P V

Z H T R B O X I H P V K B I O F

N K C L S N R O S F J V Y W Y X

A N H A D O N I M H B H Y F P I

F W L N Q Z P R O T E C T D X M

I P Q D W L Q M P U X U W C I E

X U L H W O H H G H S V K I R T

T V V Z L O K X G C X A L K D J

M Z A Z R E S H I F A I J B B I

Puzzle 5

R C I B E R I N S T R U C T W A
O V R W S T N Y Z E Z K S G I K
N B P A T H S N Y N G B T Y Y X
X I S Y U M T B H J D Q E E K S
T W J A M A R A L O S C A W D B
V C R L B V U B P X U O D B Z M
C S A D L S C G D J U C F E F A
Y N J E E R T F V U L G A F S H
S S U C E V I L D O E R S U U A
Y H T I W A O G O X T N T P K M
Q M O R N I N G H Z S B A N F P
V D C O A P C J U T F E B W M E
I K X D J I O K V A E U V F M R
A T V P V F G U E T R O E E F E
M Z Z R G J Y H C D V D U M A D
G F E N M Q D G T G R A J S C I

Puzzle 6

X C S L X Z N O V E R F L O W U
E T Y J K S X G W C K M K N S V
J X H R H T Y I E E J Y Y C S Q
P S S K Q K D N T S I H C G K B
K T K X C A S G W M L V P E G J
Z R H F C U N J U W S C B L F J
N A Y O Y I L V W C U S D Z N B
A N R U N X S S A S P Q F Z V V
Y G H N K T B T T S N U S M N I
H E U T I M W D E R T A B R F X
O R Z A Z M K D R R E R K L L G
T S S I W E M D G I N E E Q I H
B C F N X Y D Q H U N S T A R C
F P E A S V R Z V I O K E S M A
I U T A P J W E C S P R I N G S
W O P C R R A V W D J S G Q P R

Puzzle 7

T J S A O E C H L J N I L U T U
B D Y L B W B O A O B W X I S S
N W J J I A H R M B M T S C F W
I R F I D C X U P M G K V X R A
P R O V I S I O N S A M F S I V
C F L O W L F Q Y T Z N B L M S
D A R E S U Y A R E E F D E J R
P F P V C G A M S K L R S E H O
L T R R M G T R A T L Q A P R R
T D V K Z A E W X T E R E S J H
A Y E M A R A A V T T N Q L J F
E R G Z M D C L G H A E O Q N T
V Q X J J I H K Z X H L V M E M
V X G B H B I R D U Q F I Q T E
X L I C L H N R T F F V K G D J
H W F L N I G U L D X N I S C P

Puzzle 8

Puzzle 9

Puzzle 10

Puzzle 11

Y Z H K B Q J S A D U U N D H C
D D N E P M E S W D C P Y K S N
E I M V D I J U D P H Z Q R H D
W S L U P B W M A M A K E T F P
T G O I S U L M Z L T H M Y B V
C R H W G R W E A L T H T Z N L
W A X A X E I R S A E I V K Q Y
N C Z Y N Q N K G S R Z Q E K S
V E E X L D K T Y G I D I I X C
T F O L M X S G E E N N Z C O O
J U P O V E R T Y P G R G G O T
E L P M K R N R D W U P A S Y U
P N M O E I Z O M S D V R B V E
L P G E J J D T K R C W H Q D Q
D A I Z B X A M H A H L L R T Q
W Z K E J V P K L U B X C C H W

Puzzle 12

H M V A D M U V U F I F D X S C
D E P B J H Y T U T D W Y L U H
B P O Q P A U L K X I O A O E K
X T N R Q A M K Q X S E K M J T
A H G O A N S P U P C N F W X I
S T S M V D O V B N I I O A S F
E H U V R Z Q F O D P N U G Q A
K D Q A O Q R C H Y L V N E Y D
T R T Q Y L O I V Y I I D S Z B
B G F S B Q E J K G N T P H I P
P C M H N W N C H R E E B S O O
C C B B E Q S U A V C S K R C V
O T I Y Q Q U E P T M S T O R E
K L A V Y H V Y N K X U A D R R
D Q A P Z S P L E S Y N O S Y T
O G W F O R T I F I E D H R I Y

Puzzle 13

```
V Q G D T D E L I G H T S A Z X
B O K L F Z F T D A H T O Z P U
N Q U S G C I C I I F O M M C L
Z F D A B F Z D G N F S R K S F
M Z E B E W Z Q R S N A K C P J
A U C N W U T J E I W S I Y T X
U D E C T N A V A M E O N I Y C
I B P N X P L T P U I E D R N V
B I T W J E T C S V Z G H C J N
W V I O S A S R U T H L E S S R
V L V M I X U U H J Z E A M T R
G S E A H P Z E E K F E R K X V
L H T N H U G L X D A M T C K Q
T R M H L W H O R O O R E O H Z
D E D Q R I U Z Z O Q N D D C B
L H P W B P N X Y I W W G H W C
```

Puzzle 14

```
N L H C V N Q S X U B A C E O P
D I S C I P L I N E G R Z S Y R
L O R W F S P M P Z P X Z T E M
X F P C W A V J G A B U E A C C
S F C J U I N K Y D Z P S B U L
J C O R R E C T I O N R C L F A
B H N T I X B H A V P O H I R J
R A D P C C I A E S O O E S P R
Q R E N U J P T N U I T M H O P
G A M I X L D E O S Q E E E V H
M C N R D H U S B A N D S D C G
M T S T U P I D L B V S E G H Q
Z E K E U T S G E R E N J M P G
T R X N X M H A R W M O J A T N
W P I H Q J M H J Z X O P I E U
Q R G I Y E H T Z P H O S F J S
```

Puzzle 15

V K V Y H W Y N X E L D T E C X
Z M U B O Q E Z D L K H Q T A Q
T N K U X O I V C F E V J R R A
Z Z O O A W N P D J F F W U E U
W M R W X N R P I J F J R T C R
S V J U V Y D L V S P E D H K D
K A P R S N Z Q O H Y W I F L J
Q E J R E W X H S A K K X U E R
K Q Y H H S J S O F I U N L S W
R E R C O G E B V Z P Q B T S I
U Q J Y A N H G C A R U E G D T
U W O Z I P E A F M O U D I E N
K V Z Z A E U S A R M P E A C E
Y P A L H X Q Z T T O N G U E S
P L I S C H D T R U T H H P I S
H W I D C R A N X I E T Y B T P

Puzzle 16

J W A L D K Q Z X S I N G U L T
Y K H L S D S A E C A M B C U U
J T N Z N J K R G S H T L G L R
G P Q W G A L C F G N U D D Z G
B J E Y U X N E D E F E R R E D
N H L F O Z P F M H D B A V M I
P N W L W E V G T R U R J F G S
N G V O C I D I A H C I T U M H
I X N S H U A W E Q R G A L V O
X E K R J F E J S F Y H H F T N
Y D D X N R Z A P Q S T R I F E
R M Q U H C G I E R H L R L A S
D D R N E T O J J W I Y D L E T
J D J U A N E D W I N D L E S U
P T G N Z F J N U Y E B E D N R
S C U P F S N A R E S U J O O Q

Puzzle 17

G O R O F W S E Y K P E K J T Q
Z R L N A U G H I Y K P U R V E
Z K V Y I G L L Q S Y B E X U W
Q H G J T H O L D Q F V N C Y Q
G Y B A H J S U Y K F I M D I Z
H S K I L P I J N L I D I K K H
A J F A E K M E M A L H A Z E N
Z L K T S Y P U G Z O O B W X U
M E S O S M L A U G H T E R H D
Q Q I Q B T E A C S A H L I B Z
V Y N V S L E V I H N E I A X E
O E H K S D L L K N E A E G P A
S I E K J N O L F K K D V Q S H
D P R E J O I C I N G E E A F J
G R I E F I I B M K Y D B M F I
Q P T P V U K V F N I B R J H P

Puzzle 18

L M L D R W B E I F I Y A S N Z
A R I X S N X L Q P Z O V H Y E
D T Q Q R N V Y M P I P E C T L
C U W I I H F W A G T P X P O Z
N B W G X J B F F K R R M B W L
E S W H J J V Z N V C E M Z R Y
G S W S C N I W P J T S A K U A
G W J V M W C M A N T S S T K O
S A Z G U T Y S O C Y E Z N O E
I T X W V H X C Y T N S O V G T
R L H A C O M F I O T Z M U Y F
E J N J Q U Q M B L M B F V X O
G J V M T Y A P A T I E N T G L
Q S V L A L X X G I R E V M T L
V D S H A M E F U L Q T B O D Y
O C E C K K M F M H L M X N H P

Puzzle 19

C T X E J I I W Z A W I G U J U
X P G H H U E S P U R N S A J T
T D R A L A N G E R D C Q F F N
X J Y A D O R N S A U O M N F N
K E J A I Z D S T Y S M O L J C
J E E V E R Y W H E R E L G R I
L V K R A H M L H Y O M U G Y M
Z O J C I A N S W E R B H K R Q
U D U Z W U U P N U F U S E A N
I T W O E R F M T E K Q L K P B
E J G D C L A S A G D T R L D Y
Z A B D S O O T H I N G U Z B A
J L N D E G U S H E S F X P T E
P E N J L Y R G G H N C P F C B
G N T D H V K N B U X T A G N C
R K M W Y L Q O D M N R O Y T G

Puzzle 20

Y U F O A F F L S S A H C H Z Z
L L L A O C U I P U T P C I C T
O V J L C O N T I N U A L M L M
R U K G Z E G X R A R X X N F V
Y V E H E L P B I E M F L R C M
W W R W Q W N I T R O B F P V X
I W R O D H V T R B I H A W K M
O Y O V E G E T A B L E S S W U
B D G B C O P P R E S S E D X J
H P D D C H P P R R T H I N F W
O V Q D F Q E R P P S Z D V E C
C Q S B W E A E Q U Q R T Z E G
P N Y R L U E W R E T C H E D R
E B B Z Q B D C Y F X P M I S J
E H E A R T A C H E U T A A L X
O V O S W F V W K N R L S X D V

Puzzle 21

M	N	T	K	N	C	E	Q	D	S	V	S	E	L	Z	U
O	T	L	U	D	V	K	D	P	I	Z	L	A	F	P	N
Z	U	U	T	I	B	F	W	F	Q	G	Z	K	N	K	P
C	A	B	Q	U	N	B	D	V	K	S	B	K	E	C	U
N	T	R	E	L	O	S	A	X	L	C	P	Y	I	D	N
W	O	F	D	X	V	Z	P	E	S	G	Y	U	U	E	I
F	N	S	O	W	Z	K	B	E	H	Q	B	U	R	T	S
W	E	I	G	H	E	D	V	R	Z	B	N	W	V	E	H
J	D	E	N	E	M	I	E	S	E	C	O	U	R	S	E
P	N	W	E	J	T	E	X	R	M	W	C	H	U	T	D
Z	V	P	W	O	U	Y	T	A	W	B	N	U	I	S	K
V	H	H	M	C	O	S	E	V	H	C	U	M	U	B	I
H	J	N	J	Y	H	X	T	E	E	W	M	A	B	Y	B
C	C	U	V	Y	I	R	F	I	R	O	O	N	X	C	J
N	Q	O	Z	A	E	U	H	P	C	P	F	S	Q	Y	T
E	V	E	R	Y	T	H	I	N	G	E	P	F	R	K	F

Puzzle 22

O	O	J	X	A	M	J	H	P	R	A	R	D	G	O	Z
V	H	N	P	H	I	R	C	C	J	J	L	M	S	W	T
P	O	O	W	C	R	N	Y	G	J	A	L	V	I	D	Y
J	C	J	D	H	J	M	F	X	H	G	G	V	Q	D	X
U	W	V	G	B	O	S	S	W	D	E	R	T	P	J	Y
H	F	G	T	G	K	C	J	J	T	C	A	L	L	E	D
L	G	B	I	Z	V	W	X	V	I	P	C	L	O	D	T
Q	P	H	G	O	G	R	F	G	J	U	I	R	I	E	S
F	O	O	L	S	A	O	Y	R	Z	N	O	B	E	N	J
T	V	N	K	N	C	V	V	M	K	I	U	W	T	B	G
G	W	E	T	A	P	P	E	A	R	S	S	A	K	D	O
R	M	Y	R	E	L	E	C	R	J	H	S	F	N	J	H
V	V	C	N	C	G	R	A	Y	N	M	D	Q	O	T	L
C	V	O	X	E	Z	W	N	Y	B	E	T	T	E	R	A
D	U	M	D	H	O	S	O	K	G	N	L	S	C	Q	Z
A	M	B	F	L	J	R	M	R	A	T	H	E	R	G	N

Puzzle 23

R Y X U C L O J A Y D K N F Y Z
D W C Q Y R H A M W U U J O G Q
A Z D H R W U E D S E P A N L H
L D Z D I S A S T E R R I X M Y
H E A W K L F G T S L T R E C D
Z C B T Z T D T A Z S A T R A U
G E Z H T P N R N A A P N F X I
K I M P R E S S E S H T Q U X Z
K T N Z U S N F Q N B P H Z L O
L F A Q Q E E T U Y M Q O K X R
F U O L C Q X R I F R Q U S Z K
F L D T G N V P V O X R S P B L
E D I N H E R I T A N C E N O T
N M U C F W F F U R N A C E U Z
K I T V Y J S O B U N T K O K R
A M F B D Z Y D I M D D Y W F I

Puzzle 24

M I H O K P S U H F K Q V S Q C
V Z U N Y I E L D I N G C R L L
O U S O M E O N E E H S Y J Y Q
Z D H S U M N R G U F B W O I N
L R E P O G H N R I K G U B U M
F O R T I F I E D J D X U K J O
L M S D X T E F O D E W Q P W F
G T P L S D B K T C H I O X X T
R B E A R S A I R I H L F T C Y
N F C W S K R S N E N P E E O G
Q N R S U J R H C G W P G D M N
A C Q U I R E S V M O J D R L D
U B K I I Z D I S P U T E S K T
E B I T S T P D V S D O X E D N
G J H P X E S R Z G A N C C V M
J J X I B U H N N I S C I Z L Z

Puzzle 25

C	R	L	U	F	Y	F	H	N	E	P	E	W	P	W	A
G	V	M	M	Q	O	W	N	Z	P	E	B	T	G	C	B
D	L	R	D	P	V	E	R	H	F	W	A	N	S	M	E
S	P	B	C	J	E	Q	V	N	C	O	O	T	C	W	F
D	M	F	B	X	R	M	A	E	U	L	C	C	M	T	F
M	H	J	Z	P	L	P	L	D	R	A	J	I	G	A	C
Y	J	Q	P	R	O	S	P	E	R	Y	P	N	P	I	U
Y	L	F	C	E	O	E	Z	T	Y	S	O	O	G	M	B
B	G	W	W	L	K	Q	T	C	E	D	H	N	O	Y	Y
Q	S	V	P	A	V	A	G	H	E	E	I	Z	E	Z	C
K	W	P	E	T	W	K	S	N	K	T	O	V	D	X	L
Q	X	Q	R	I	I	I	N	G	T	Z	E	F	H	H	J
A	O	Q	I	V	R	U	S	I	C	C	Q	Y	X	E	A
L	C	F	S	E	H	M	F	R	I	E	N	D	S	J	L
M	C	G	H	S	D	R	N	I	T	B	N	O	H	A	U
R	V	C	L	O	S	E	S	T	A	V	B	G	R	H	L

Puzzle 26

L	D	U	N	F	A	I	L	I	N	G	J	J	T	D	F
R	P	E	N	A	L	T	Y	B	S	M	T	X	L	R	W
K	E	L	A	T	L	E	J	N	G	N	Q	Y	X	B	Y
M	R	S	A	T	O	F	N	R	C	D	M	U	T	C	F
F	S	X	C	N	H	U	O	D	F	A	F	O	E	E	W
Y	O	K	J	U	S	W	C	M	S	V	V	E	C	F	B
M	N	N	M	H	E	U	R	H	A	K	Q	I	I	G	C
S	P	R	E	N	U	H	G	H	E	C	V	T	A	C	O
C	I	E	G	I	I	P	S	Q	R	D	S	Q	U	O	Z
V	X	V	P	V	S	U	E	I	A	H	E	A	W	G	Z
T	J	T	M	E	F	P	R	L	I	S	T	E	N	F	K
A	Y	N	Z	Y	A	L	X	A	O	T	G	I	L	E	Y
L	H	W	H	E	W	Y	H	P	L	P	L	Y	G	X	G
L	O	Z	H	P	N	U	R	R	H	L	S	V	E	W	J
A	D	S	I	F	V	U	B	X	I	J	H	N	J	L	T
N	X	B	S	C	P	F	M	W	L	U	Y	W	R	D	T

Puzzle 27

X T U C K P R N W N G V A E G A
W T H N Q G R C P O N G U K G V
A A M A Z F R C I N H L X R A E
R B I V S B H O W J S F R F N X
I X C Q R G U N W N E H B U O B
O F Z B S A B F K X S L O Y U U
Y S E O E R T I U H T A T U T Y
P Z O U B A J D P U R C H A S E
Y W N D O O Y E M B A W H Z I R
F Q U Q A B U N D A N C E M D K
Y K M C S B D C U K G Z U U E Q
A N Y Z T R M E E Y E S A X R V
K T R M S H S E C U R I T Y J T
O R F D D O Q J O G W T T S P D
S F O O D L V U B F Y I P O P O
Q U P U T A W I O Q M M W O L L

Puzzle 28

I B X C V V H J X A M O F D Y B
D X V V V E C M J K A G W Q D H
A I A F P B J L K N L V K M N R
B D N I A I A I O E H Y L T K V
B A G A I N S T N H O X F N W D
T M U L K H J I T S R Z W T Y C
I I C Y S U W G E L S P B Y P L
Y O N H A U Y J B S E C R E T O
O X B E V G L A T X U C L O A K
R X Y E Y U G U N U C C H M H E
K V V L U E H S P S V Y C A S G
U O B R P S A A O S W S J E S N
T P S A F R Q C O N C E A L E D
X T J D C F S A R B T B R S X D
G X E G F D M G M P M A D E I S
F M S Q H S T R O N G H O L D J

Puzzle 29

```
W D D P L K U G A N G R D X R X
O K E I H H X B H I Z A V O Y H
D R Y D F J S R A E D C D C B T
F R W Y E S A G M O U O W O F B
H C L T S S Y K M O Z M N L Y L
N X J Z T E I E F W H M C R D H
B D H M E S N R I V J O A H K U
Y T J S E Q G M A T R N F X N M
E J C P M P S S J B J U A E P I
K H R H E E B H F Q L P R M L L
L G N L D G V P R E S E R V E I
L O J N L L G O Y Y G J I D A T
S C Z Q N F N L R N K L C K S Y
M L P H P I T F A L L S H U I C
X W R I U G U D Z G S Y R B N D
I G S D M N P U T H X T V D G A
```

Puzzle 30

```
Q S V P P D A I Q K L T C T O E
S S P C G V A K F Z E A G E R L
X V T Q V M B A V L K U C Y U W
G J M E F P E B D A E I Q K G F
H P W O U S V R S E L E C T S R
Q H W E S I A I C H S U T V J T
S Y P K W Y L N F H Q B E I P L
C J E R E N E G T H A G H O N D
I M Z N C W R S E X N N U Z W G
O H I R P O R T I O N S T E A C
P V I G O R O U S L Y C T B E F
N Z A N O T H I N G U D Y O C M
D V H Y W H J N L E B Q D M P K
W A T E R E V B D H M C Q J T P
G W K K L K F D S B R P A N C A
K Q Y D E J K H I T D R J H X B
```

Notes

Notes

Notes

Notes

Notes

Notes

www.ingramcontent.com/pod-product-compliance
Ingram Content Group UK Ltd.
Pitfield, Milton Keynes, MK11 3LW, UK
UKHW022012190726
13853UKWH00004B/1897